Das Buch
Wer meditiert, ist erwiesenermaßen gesünder, glücklicher und erfolgreicher! Dabei muss man keineswegs sein halbes Leben auf dem Meditationskissen verbringen, um die Kunst der stillen Selbstversenkung zu erlernen: bereits acht Minuten täglich reichen, um richtig und wirksam zu meditieren.
Die Acht-Minuten-Meditation ist ein moderner Meditationsansatz, der östliche Werkzeuge für westliche Resultate bietet. Er sorgt dafür, dass die Aneignung der Fähigkeit, richtig und wirksam zu meditieren, überaus angenehm und äußerst effektiv erfolgt. Um innere Ruhe zu finden und die Stürme des Alltags gelassen zu meistern.

Der Autor
Victor Davich, früher Anwalt und Marketingdirektor im Film- und Werbebusiness, meditiert seit über 25 Jahren. Er erlernte die verschiedensten Formen und Techniken der Meditation bei führenden amerikanischen Lehrern. Seine Bücher zu diesem Thema sind in den USA überaus populär.

VIKTOR DAVICH

Die 8-Minuten-Meditation

Der direkte Weg
zum inneren Ort
der Ruhe und Gelassenheit

Aus dem Englischen von Juliane Molitor

WILHELM HEYNE VERLAG
MÜNCHEN

Die Originalausgabe erschien 2004 unter dem Titel
»8 Minute Meditation« bei Perigee / The Berkley Publishing Group,
New York, USA.

Das vorliegende Buch ist sorgfältig recherchiert worden. Dennoch erfolgen
alle Angaben ohne Gewähr. Weder Autor noch Verlag können für eventuelle
Nachteile oder Schäden, die aus den im Buch gemachten praktischen
Hinweisen resultieren, eine Haftung übernehmen.

Mix
Produktgruppe aus vorbildlich
bewirtschafteten Wäldern und
anderen kontrollierten Herkünften
Zert.-Nr. SGS-COC-1940
www.fsc.org
© 1996 Forest Stewardship Council

Verlagsgruppe Random House FSC-DEU-0100
Das für dieses Buch verwendete
FSC-zertifizierte Papier *München Super*
liefert Mochenwangen Papier.

Taschenbucherstausgabe 02/2007
Copyright © 2004 by Viktor Davich
All rights reserved including the right of reproduction in whole
or in part in any form.
This edition published by arrangement with Perigee Books,
a member of Penguin Group (USA) Inc.
Copyright © 2005 für die deutsche Ausgabe by Lotos Verlag, München,
in der Verlagsgruppe Random House GmbH
Printed in Germany 2007
Umschlaggestaltung: HildenDesign, München
Umschlagmotiv: © John Knill/Digital Vision/Getty images
Herstellung: Helga Schörnig
Gesetzt aus der Bembo 11,4/13,3 pt bei Leingärtner, Nabburg
Druck und Bindung: GGP Media GmbH, Pößneck
ISBN 978-3-453-70059-8

http://www.heyne.de

Inhalt

Vorwort 7
Am Anfang 9

Teil eins – Das Einmaleins der Meditation 25

Teil zwei – Das 8-Wochen-Meditationsprogramm 75
  Woche eins: Nur ein Atemzug 79
  Woche zwei: Nackter Klang 91
  Woche drei: Körperempfindungen
                      wahrnehmen 103
  Woche vier: Dieser magische Moment 115
  Woche fünf: Dankend ablehnen 125
  Woche sechs   Mein persönlicher Film 133
  Woche sieben: Liebende-Güte-Meditation . . . 145
  Woche acht: Gemischte Platte 155

Teil drei – Das Upgrade 171
  Acht Minuten und mehr 177
  Meditation in Aktion 183
  Liebende Güte – die Erweiterung 191
  Anregungen und Informationen –
  Meine persönliche Liste der Besten 201

Schlusswort 217
Dank 219
Über den Autor 223

Vorwort

Wenn Sie diese Worte lesen, fühlen Sie sich irgendwie von Meditation angezogen.

Vielleicht haben Sie gelesen, dass Meditation Ihnen helfen kann, ruhiger zu werden und sich in einer komplexen, unsicheren und oft rauen Welt sicherer zu fühlen. Vielleicht gibt es noch einen anderen Grund. Und vielleicht wissen Sie nicht einmal, warum Sie sich für Meditation interessieren.

Aber Sie wissen, dass Sie gern lernen würden, wie man meditiert. Das Problem ist nur: Meditation hört sich nach etwas Kompliziertem und extrem Zeitaufwändigem an. Wenn Sie doch nur eine einfache Art zu meditieren finden könnten, eine Art zu meditieren, die zu Ihrer Lebensweise passt und Ihnen dennoch die Vorteile bringt, nach denen Sie sich sehnen ...

Nun, hier ist die gute Nachricht: Sie haben diese Art zu meditieren gefunden! Und sie dauert acht Minuten pro Tag.

Die 8-Minuten-Meditation ist ein revolutionär neues Programm, das Ihr Leben genauso einfach verändern wird wie es sich in den Alltag einbauen lässt. In nur acht Minuten pro Tag – nur wenig länger als ein Werbeblock im Fernsehen – können Sie eine lebenslange Meditationspraxis aufbauen. Das Magazin *Time* bezeichnet dies als »die bisher amerikanischste Form der Meditation«.

Am Anfang

Wenn Sie jemals gedacht haben: »Ich würde ja gern meditieren, aber es ist zu schwer und dauert zu lang«, hatten Sie möglicherweise Recht. Das liegt daran, dass die Meditationsbücher und die Meditationsanleitungen, die Sie bisher kennen gelernt haben, höchstwahrscheinlich zu kompliziert und verwirrend waren und zu viel Zeit von Ihnen forderten.

Bis jetzt.

Die *8-Minuten-Meditation* ist ein moderner Meditationsansatz, der Ihnen östliche Werkzeuge für westliche Resultate bietet. Ob Sie niemals versucht haben zu meditieren oder ob Sie es versucht und wieder aufgegeben haben, die *8-Minuten-Meditation* wird auch bei Ihnen funktionieren. Sie wurde für Menschen wie Sie entwickelt und ist der Art, wie Sie heute leben, angepasst. Man nennt sie auch die »South-Beach-Diät für den Geist«.

Das 8-Minuten-Meditationsprogramm wirkt nicht nur, sondern leistet darüber hinaus noch etwas, das die meisten anderen Meditationsprogramme nicht leisten: Es sorgt dafür, dass das Erlernen Ihrer Meditationspraxis angenehm und unterhaltsam ist – und sogar Spaß macht. Mein Meditationsprogramm wird Sie zu einem echten Meditierenden machen – und auf dem Weg dorthin werden Sie lächeln, kichern und manchmal sogar richtig laut lachen. Das ist voll und ganz in Einklang mit dem Geist der Meditation. Und es ist die beste Art, meditieren zu lernen.

Keine Angst, der Spaß wird nie auf Kosten der Substanz gehen. Ich habe mehr als fünfundzwanzig Jahre Meditationserfahrung und bereits ein sehr erfolgreiches Buch zu diesem Thema geschrieben. Daher bin ich ein gutes Beispiel dafür, wie Meditation ein Leben verändern kann. Jedes Wort in diesem Buch wurde mit der Absicht geschrieben, Ihnen zu helfen, dasselbe zu erleben.

Bitte begleiten Sie mich auf eine Reise, die Ihren Geist zur Ruhe bringen, Ihr Leben verändern – und Sie ganz einfach glücklicher machen wird. Ich werde auf jedem Ihrer Schritte auf diesem Weg bei Ihnen sein. Und Sie werden froh sein, dass Sie mitgekommen sind.

Wir leben in einer Epoche, in der wir weniger Freizeit haben als je zuvor. Alles, was wir in Angriff nehmen, vom Abschleifen eines Parkettbodens bis zum Meditierenlernen, muss

- einfach zu verstehen und
- leicht zu bewerkstelligen sein und es muss
- Vorteile bringen und die investierte Zeit wert sein.

Es ist also kein Wunder, dass wir, auch wenn es um das Meditieren geht, wenig Zeit (oder Geduld) haben und uns von komplizierten Erklärungen oder von schwer durchschaubaren Anweisungen wie »tu einfach nichts« verwirren lassen. Und ganz sicher haben wir nicht bis zu einer Stunde pro Tag Zeit zu meditieren.

Die *8-Minuten-Meditation* wird das alles ändern. Meditation mag eine dreitausend Jahre alte Tradition haben, aber die *8-Minuten-Meditation* bietet einen völlig neuen und aktuellen Zugang dazu: ein achtwöchiges

Programm, das einfach, leicht verständlich, klar und unglaublich zeitsparend ist.

Mit der *8-Minuten-Meditation* werden Sie vom ersten Tag an schnell und einfach meditieren. Gleichzeitig werden Sie eine feste Meditationsgewohnheit etablieren, die Sie ein Leben lang aufrechterhalten können. Und all das dauert nur acht Minuten – wenig länger als ein Werbeblock im Fernsehen.

Darüber hinaus werden die wichtigsten Themen und Probleme angesprochen und gelöst, die Sie ursprünglich zum Meditieren veranlasst haben, zum Beispiel:

»Ich bin völlig gestresst.«
»Meine Gedanken sind außer Kontrolle.«
»Ich habe das Gefühl, ziellos durchs Leben zu driften.«
»Ich verliere in Gegenwart meiner Kollegen
und Familienmitglieder oft die Beherrschung.«
»Ich brauche ein bisschen Ruhe in meinem Leben.«
»Ich kann mich nicht konzentrieren.«
»Ich vermisse etwas, aber ich weiß nicht was.
»Alles scheint in Ordnung, aber trotzdem hätte ich
gern...«

Die *8-Minuten-Meditation* ist eine einfache, ja geradezu idiotensichere Meditationsmethode für jedermann, unabhängig vom Alter, von der Schulbildung und vom Einkommen. Und sie funktioniert selbst dann, wenn Sie glauben, nicht eine Minute lang still sitzen zu können, von acht Minuten ganz zu schweigen. Ob Sie ein junger Elternteil sind, eine allein erziehende Mutter, ein Student, der sich auf das Abschlussexamen vorbereitet, oder ein Angestellter, der gerade seinen Traumjob gefunden hat, Sie können sich darauf verlassen, dass die *8-Minuten-Meditation* auch bei Ihnen funktionieren wird. In wenigen Minuten werden Sie in der Lage sein, mit Ihrer ersten Meditationssitzung zu beginnen. Keine Verwirrung. Keine verschwendete Zeit. Ganz im Ernst.

Und so leicht wird es für Sie sein, ein Meditierender zu werden:

1. Sie werden mit einer kleinen »Tour« durch die Meditation beginnen, auf der Sie das Wichtigste erfahren, die Sie aber weder verwirren noch langweilen wird. Sie werden lernen, was das Wort Meditation wirklich bedeutet, und am eigenen Leib erleben, wie leicht es ist zu meditieren. Sie werden erfahren, wie dieses 8-Minuten-am-Tag-Meditationsprogramm funktioniert – und warum es so erfolgreich ist.
2. Als nächstes machen Sie sich für Ihre erste Meditationssitzung bereit. Sie werden eine einfache und effektive Meditationshaltung kennen lernen, die Ihnen nicht mehr abverlangt, als auf einem gewöhnlichen Stuhl zu sitzen. Sie werden zudem ein einzigartiges Set von Meditationsanweisungen erhalten, das Ihnen in den nächsten acht Wochen – und hoffentlich noch länger – von Nutzen sein wird.
3. Dann beginnen Sie mit Ihrer ersten Meditationssitzung, geführt von einfachen Anleitungen, die frei von Fachbegriffen und sicher vor Misserfolgen sind. Sie meditieren nur acht Minuten pro Tag – nicht mehr und nicht weniger. Teil zwei dieses Buches besteht aus acht Kapiteln – eines für jede Woche des Programms. Sie widmen sich eine Woche lang jeder einzelnen Technik und wenden sich dann der nächsten zu. Die

einzelnen Kapitel enthalten auch Material, das Ihnen beim Übergang von einer Woche zur nächsten helfen wird, sowie ausführliche Antworten auf oft gestellte Fragen.
4. Am Ende des achtwöchigen Meditationsprogramms haben Sie die Möglichkeit, Ihre Meditationspraxis zu erweitern und zu vertiefen. Teil drei enthält alles, was Sie dazu brauchen, einschließlich eines »Trainingsplans« und eines Musters für Meditation in Aktion, das Ihnen helfen wird, die Meditation in Ihren Alltag zu bringen. Gegen Ende des Buches finden Sie eine Liste ausgewählter Bücher und Tonträger zum Thema Meditation sowie Adressen von Meditationszentren.

Mit der *8-Minuten-Meditation* ist es leicht, beim Meditieren den Bogen herauszubekommen – viel leichter als Sie denken. Natürlich kann es sein, dass Sie die ersten paar Tage, vielleicht sogar die ersten Wochen, ein wenig schwierig finden. Aber bleiben Sie einfach mit mir dran. Nach zwei Wochen werden Sie ganz selbstverständlich und mit Leichtigkeit meditieren. Am Ende der achten Woche sind Sie als Meditierender flügge geworden – und bereit, sich noch tiefer auf die Meditationspraxis einzulassen. Doch was noch viel wichtiger ist: Sie werden von Anfang an von den Früchten der Meditation profitieren, die da sind:

- ein größeres Gefühl des inneren Friedens und des Wohlbefindens
- einfache Stressreduktion ohne Drogen
- bessere Konzentration, stärkere Fokussiertheit.

Ganz einfach: Meditation kann Ihr Leben verändern. Und damit meine ich nicht, dass Sie in die Gefilde ewiger Glückseligkeit eingehen. Das, wovon ich hier spreche, ist viel, viel besser – das wahre Schnäppchen. Es ist eine Art und Weise, mit Klarheit, Wohlbefinden, Gelassenheit und Glück in dieser komplexen Welt zu leben.

Angesichts all dieser großartigen Dinge ist es doch ein Wunder, dass noch nicht jeder Mensch auf diesem Planeten meditiert. Warum meditieren Sie nicht? Die Antwort – und die Lösung – finden Sie, wenn Sie weiterlesen.

WARUM SIE NICHT MIT DEM MEDITIEREN ANFANGEN KÖNNEN.
WARUM SIE ANGEFANGEN UND WIEDER AUFGEHÖRT HABEN.
WARUM DIE 8-MINUTEN-MEDITATION DAS ÄNDERN WIRD.

Wann immer Leute hören, dass ich meditiere oder ein Buch über Meditation geschrieben habe, lassen sie sich ausnahmslos zu zwei Äußerungen hinreißen: »Ich würde gern meditieren lernen, aber ich kann es einfach nicht« oder: »Ich habe versucht zu meditieren, habe aber wieder aufgehört.«

Wenn ich solche Bemerkungen höre, stelle ich immer genau die gleiche Frage: »Warum glauben Sie, ist das so?« Hier sind einige Antworten. Kommt Ihnen eine davon bekannt vor?

WARUM ICH NICHT MEDITIEREN LERNEN KANN
Es ist zu schwierig.
Es erfordert zu viel Zeit.
Ich bin nicht schlau genug.
Ich bin zu alt.
Ich bin zu jung.
Ich habe keine Geduld.
Ich bin nicht spirituell.
Ich bin nicht außergewöhnlich genug.
Ich habe keine Zeit.

WARUM ICH MIT DEM MEDITIEREN ANGEFANGEN, ES ABER WIEDER AUFGEGEBEN HABE.
Ich konnte nicht aufhören zu denken.
Es dauerte zu lange.
Ich bin in Urlaub gefahren und konnte nach meiner Rückkehr nicht mehr anfangen.
Es war nicht das, was ich mir darunter vorgestellt hatte.
Ich habe die Erleuchtung nicht erlangt.
Ich war nicht spirituell genug.
Ich war nicht außergewöhnlich genug.
Ich muss ein schlechtes Karma haben.

Obwohl die beiden Listen lang aussehen, können alle Erklärungen, warum man nicht meditiert, auf zwei grundsätzliche Missverständnisse zurückgeführt werden, nämlich:

- Meditation ist nebulös, verwirrend und schwer.
- Das Erlernen und Praktizieren von Meditation erfordert zu viel Zeit.

Wir wollen mal sehen, wie das 8-Minuten-Meditationsprogramm sich mit diesen beiden Vorurteilen beschäftigt – und sie ausmerzt.

Meditation ist zu nebulös, verwirrend und schwer

Angesichts von etwa fünftausend deutschsprachigen Meditationsbüchern auf dem Markt ist leicht zu erkennen, warum viele Menschen glauben, Meditation sei irgendeine mysteriöse, geheimnisvolle Praxis, die wenigen brillanten Auserwählten vorbehalten ist. Der Grund für diese Annahme ist einfach: Die meisten Meditationsbücher erwecken *den Anschein*, als sei dies so.

Aber das genaue *Gegenteil* ist der Fall: Jeder kann ganz leicht meditieren lernen und eine Meditationspraxis pflegen, egal was diese verwickelten Bücher voller Sanskritbegriffe auch sagen. Das wichtigste Ziel dieses Buches besteht darin, die Meditation zu entmystifizieren und es Ihnen zu ermöglichen, sie ohne Anstrengung zu lernen und zu praktizieren.

Das 8-Wochen-Programm ist in drei Teile gegliedert:

- Teil eins macht Sie mit den Grundlagen der Meditation bekannt und bereitet Sie unmittelbar auf Ihre erste Meditationssitzung vor.
- Teil zwei ist das Herz des Ganzen: das eigens entwickelte Meditationsprogramm, das Sie Schritt für Schritt acht Wochen lang durch acht Minuten Meditation pro Tag führt.
- Teil drei ist das »Upgrade« oder die verbesserte Version. Hier werden Möglichkeiten aufgezeigt, wie Sie Ihre Meditationspraxis vertiefen und im täglichen Leben anwenden können.

Klingt einfach? Natürlich klingt es einfach. Weil es einfach ist.

Das Erlernen und Praktizieren von Meditation erfordert zu viel Zeit

Seien Sie ehrlich, wenn Sie die folgende Frage beantworten.

Sind Sie so superbeschäftigt, dass Sie keine acht Minuten für sich selbst haben – wenn Sie morgens aufstehen oder kurz bevor Sie zu Bett gehen?

Klar, wir führen alle ein hektisches Leben, randvoll mit Terminen. Aber wenn Sie sagen, dass Sie keine acht Minuten am Tag haben, in denen Sie tun können, was Sie tun möchten, dann klingt das ein bisschen fadenscheinig, oder nicht? Haben Sie Zeit, nach dem vorletzten Werbeblock noch acht Minuten vor dem Fernseher zu sitzen, bis *Die Simpsons* zum letzten Mal von einem Werbespot unterbrochen werden? Na also. Dann haben Sie auch Zeit für eine 8-Minuten-Meditation.

Aber Sie sagen: »Ich bin eine allein erziehende Mutter. Ich bin ein Vater, der viel unterwegs ist. Ich habe gerade ein Kind bekommen! Ich bin beschäftigt, beschäftigt, beschäftigt. Wie um Himmels Willen soll ich Zeit zum Meditieren finden?!« Die Antwort lautet: »Die Zeit ist da. Entspannen Sie sich einfach und erlauben Sie sich zu erkennen, wo sie ist.«

Allein erziehende Mutter? Wie wäre es, wenn Sie meditieren, nachdem die Kinder eingeschlafen sind? Oder bevor sie aufwachen? Ein Vater, der viel unterwegs ist? Wenn Sie das nächste Mal die zwei Stunden von Hamburg nach München fliegen, klappen Sie Ihr Golf-Magazin einfach zu und verbringen acht angenehme Minuten in luftgeborener Meditation. Frisch gebackener Vater oder junge Mutter? Geben Sie dem Baby seine Nachmittagsmahlzeit und meditieren Sie acht Minuten lang, wenn es wieder eingeschlafen ist.

Übrigens, wenn Sie denken, dass sich diese kurzen, 8-Minuten-Einheiten nicht zusammenläppern, überlegen Sie mal: Kein Geringerer als Albert Einstein sagte, dass das erstaunlichste Phänomen im Universum der Zinseszins ist. Jede Meditationssitzung von acht Minuten ist eine Einzahlung auf Ihr Konto bei der Nationalbank der Meditation, wo es enorme Zinsen bringt. Mit der Zeit sammeln sich diese kleinen Einlagen an und zahlen sich irgendwann enorm aus: in der Fähigkeit, ein Leben in Frieden und Gelassenheit zu führen.

Wo sonst bekommen Sie mehr für so eine kleine Investition?

DIE ENTSTEHUNG DIESES BUCHES: WARUM ACHT MINUTEN. UND WARUM ES FUNKTIONIERT

An diesem Punkt stellen Sie vermutlich zwei Fragen:

- »Warum acht Minuten?« und
- »Wie kommen Sie überhaupt dazu zu sagen, dass das hier funktioniert?«

Das ist es! Wie ein bekannter amerikanischer Aufkleber schon sagt: *Question Authority* (»Stell jede Autorität in Frage«). Erlauben Sie mir also, mich vorzustellen, ohne – wie Autoren das sonst gern tun – von meinem persönlichen und (für mich) sehr faszinierenden spirituellen Weg zu erzählen.

Ich erzähle Ihnen stattdessen meine Geschichte, weil ich Ihnen zeigen möchte, dass mein Leben genau wie Ihres ist. Leute wie wir sitzen nicht auf Berggipfeln, sondern führen ein anstrengendes, stressiges Leben und müssen sich Tag für Tag in die Niederungen des Alltags begeben. Und wenn Sie die Meditation dabei mitnehmen können, macht das einen enormen Unterschied.

Zunächst sollten Sie wissen, dass ich bereits ein Buch über Meditation geschrieben habe, das in den USA eines der meistverkauften und populärsten Anleitungsbücher zu diesem Thema war (dt. Titel: *Meditation. Der Weg zu Ruhe, Gelassenheit und Besinnung*). Ich meditiere seit 1975, habe seitdem Tausende von Stunden in Meditation verbracht, an Dutzenden von Retreats teilgenommen und einige der besten Meditationslehrer Amerikas als Lehrer (und Freunde) gehabt.

Ich fing an zu meditieren, als ich in New York Jura studierte. Der Grund, warum ich mit dem Meditieren anfing, war ein praktischer, kein spiritueller: Ein Kommilitone erzählte mir, er habe vor einem Jahr zu meditieren begonnen und dies habe sein Gedächtnis ebenso deutlich verbessert wie seine Noten.

Zu der Zeit bestand eine meiner Aufgaben darin, eine etwa 15 Zentimeter dicke Kladde mit Verordnungen zum Steuerrecht auswendig zu lernen. Ich fragte mich also: »Was habe ich zu verlieren?« Ich nahm an ein paar Abendkursen teil, in denen wir grundlegende Meditationsanleitungen bekamen, und der Lehrer gab mir den Rat, zweimal am Tag zu meditieren.

In meiner ersten Meditationssitzung erlebte ich etwas, das ich nicht oft in meinem Leben erfahren hatte und überhaupt noch nie in meinem Studium: *inneren Frieden*. Und wenn sich etwas gut anfühlt, bleibt man normalerweise dabei. Genau das habe ich gemacht.

Ich meditierte weiterhin zweimal täglich. Nach einigen Monaten war ich viel entspannter und gleichzeitig, paradoxerweise, viel wacher, und zwar sowohl in den Seminaren und Vorlesungen als auch sonst. Ich konnte mich deutlich besser konzentrieren. Und das hatte natürlich zur Folge, dass ich selbst die komplexesten Sachverhalte – zum Beispiel jene schwierigen Steuerverordnungen – besser verstehen und aufnehmen konnte. Noch erstaunlicher war, dass ich mich plötzlich regelrecht auf meine tägliche Auseinandersetzung mit ihnen freute.

Das Abschlussexamen zum Thema Steuerrecht bestand ich zu meinem Erstaunen (und zum Erstaunen meines Professors) mit eins. Ob Meditation etwas damit zu tun hatte oder nicht, spielte keine Rolle. Ich wusste nun, dass Meditation etwas war, das ich auch weiterhin praktizieren wollte. Und das habe ich getan – auch in den zwölf Jahren, in denen ich als Anwalt für Wirtschaftsrecht bei zwei führenden Werbeagenturen und Paramount Pictures tätig war.

1985 zog ich nach Los Angeles und engagierte mich stärker in der Unterhaltungsbranche. Ich wurde Produzent, Drehbuch-, Roman- und Sachbuchautor. In Los Angeles vertiefte ich meine Meditationspraxis weiter und beschäftigte mich erst mit Zen und dann mit Vipassana- oder Einsichtsmeditation.

In dieser Zeit hatte ich das Glück, einige außergewöhnliche Meditationslehrer kennen zu lernen, die es mir ermöglichten, meine Praxis zu vertiefen: Sharon Salzberg, Joseph Goldstein und Shinzen Young, der mein wichtigster Lehrer und Meditationsbegleiter wurde. Die Lehren, die Vorteile und die Einsichten, die ich durch diese und andere Lehrer gewonnen habe, waren und sind bis auf den heutigen Tag von unschätzbarem Wert. Ich hoffe, dass ich Ihnen in diesem Buch etwas davon vermitteln kann.

Den Anstoß, dieses Buch zu schreiben, bekam ich, nachdem mir Leute zum hundertsten Mal gesagt hatten, sie »würden ja gern meditieren, aber...«. Ehrlich gesagt hatte ich die Ausreden, die sie vorbrachten, ganz einfach satt. Also machte ich mich daran, ein Meditationsprogramm zu entwickeln, mit dem man gar nicht scheitern konnte, das jedes Wenn und Aber eliminieren und

- mit dem Lebensstil eines jeden Menschen vereinbar sein würde, wie beschäftigt er oder sie auch wäre;
- das Menschen veranlassen würde, sofort mit dem Meditieren anzufangen – und nicht gleich wieder damit aufzuhören;
- das einfache Meditationsanleitungen geben sollte, die jeder sofort würde umsetzen können;
- das allgemein üblichen Fragen, Zweifeln und Bedenken Rechnung tragen und Antworten darauf geben würde;
- das jeden, der tiefer in die Meditation einsteigen wollte, befähigen würde, dies zu tun;
- das unterstützend und ermutigend sein und Menschen das Gefühl geben sollte, jeder ihrer Schritte auf dem Weg würde von mir begleitet.

Die 8-Minuten-Meditation ist das Programm, das ich entwickelt habe, um diese Ziele zu erreichen. Und – was noch viel wichtiger ist – um Ihnen zu helfen Ihre Ziele zu erreichen.

Warum acht Minuten?
Soweit ich weiß gibt es keine Genfer Konvention zur Meditationsdauer. Manche Lehrer verlangen von ihren Schülern, dass sie bis zu einer Stunde pro Tag meditieren. Wenn Sie an einem Zen-Retreat teilnehmen, kann sich das bis zu zehn Stunden steigern! Auf der anderen Seite behaupten viele Meditationsbücher, es genüge, drei oder sogar nur eine Minute pro Tag zu meditieren.

Ich glaube, dass acht Minuten pro Tag genau richtig sind, und zwar aus folgenden Gründen:

- Acht Minuten pro Tag sind keine lange Zeit und wenn Sie diese Zeit in Meditation verbringen, wird das Ihre Lebensweise nicht beeinträchtigen oder alles durcheinander bringen. Es ist die Zeit, die Sie beispielsweise brauchen, um zu duschen oder einen kleinen Snack zuzubereiten.
- Jeder Mensch – ja, auch Sie – kann acht Minuten Meditationszeit in seinem Tag unterbringen. Können Sie acht Minuten früher aufwachen? Acht Minuten später zu Bett gehen? Wenn Sie auf Reisen sind, haben Sie dann acht Minuten Freizeit, während Sie auf Ihren Abflug warten oder im Flugzeug sitzen? Nachdem Sie im Hotel eingecheckt haben? Natürlich haben Sie diese Zeit.
- Regelmäßig Tag für Tag durchgeführte 8-Minuten-Meditationen sammeln sich sozusagen an und bauen mit der Zeit das auf, was ich »Bewusstseinsmuskeln« nenne. Doch davon später mehr. Im Moment sollten Sie nur wissen, dass alles gut ist.

FANGEN SIE AN ZU MEDITIEREN, UND ZWAR JETZT

Meditation war nie einfacher oder effektiver als auf die 8-Minuten-Art-und-Weise. Sie werden nicht ein einziges Wort in diesem Buch finden, das Sie in einem spirituellen Lexikon oder im Brockhaus nachschlagen müssten, nicht eine Anweisung, die Sie nicht verstehen, nicht eine Meditationstechnik, die Sie nicht einfach und mit Leichtigkeit schon beim ersten Versuch anwenden können, zum Beispiel *jetzt sofort.*

Nun ist es, wie man in Hollywood sagt, Zeit für eine kleine Vorpremiere. In den nächsten acht Wochen werden wir alles noch viel eingehender behandeln. Im Moment möchte ich Ihnen lediglich eine Vorstellung davon geben, wie leicht es Ihnen fallen wird, meditieren zu lernen.

Zunächst geht es um nichts weiter, als darum, dort zu sitzen, wo Sie sich gerade befinden. Sie müssen nichts weiter tun, als die folgenden einfachen Anweisungen lesen und Ihr Bestes geben.

Und denken Sie daran: Dies ist keine Quizshow und wird auch nicht benotet. Wie Sie bald erfahren werden, gibt es keine falsche Art zu meditieren.

SO KOMMEN SIE AUF DEN MEDITATIONSGESCHMACK

- Setzen Sie sich aufrecht aber entspannt hin, als hörten Sie Ihrem liebsten Freund zu.
- Schließen Sie sanft die Augen.

- Atmen Sie tief ein. Halten Sie den Atem einen Moment an. Und lassen Sie ihn dann einfach wieder los.
- Erlauben Sie Ihrem Atem, ganz natürlich zu fließen. Forcieren Sie nichts.
- Gehen Sie mit Ihrer Aufmerksamkeit an die Stelle in Ihrem Körper, wo Sie Ihren Atem am deutlichsten fühlen. Das kann Ihr Zwerchfell sein, Ihre Brust oder vielleicht eine Stelle an Ihren Nasenflügeln. Es gibt keine falsche Stelle.
- Beobachten Sie Ihren Atem die nächsten fünf Atemzüge lang an dieser Stelle.
- Machen Sie die Augen wieder auf.

Herzlichen Glückwunsch, Sie haben meditiert! Ja, Sie haben es geschafft! Jetzt brauchen Sie sich nicht mehr zu fragen, was Meditation wohl ist. Es ist einfach, oder? Nichts Großartiges und nichts, wozu Sie nicht in der Lage wären. In Wirklichkeit ist Meditation genau das Gegenteil: die natürlichste Sache der Welt.

Nun, sind Sie bereit, acht Minuten Ihres Tages mit etwas so Angenehmem und Einfachem zu verbringen?

Bestimmt. Dann folgen Sie einfach dem 8-Minuten-Meditationsplan. Ich verspreche Ihnen, dass Sie in kürzester Zeit eine Meditationspraxis aufgebaut haben, die Sie Ihr Leben lang begleiten wird.

Ich sagte bereits: Wenn Sie diese Worte lesen, fühlen Sie sich irgendwie zur Meditation hingezogen. Sie sind dabei herauszufinden, was es damit auf sich hat.

Lesen Sie einfach weiter.

TEIL EINS

Das Einmaleins der Meditation

In kurzer Zeit beginnen Sie mit Woche eins Ihres 8-Minuten-Meditationsprogramms. Aber zunächst müssen Sie den Boden dafür bereiten. Genau wie Ihr Haus sollte auch Ihre Meditationspraxis auf einem möglichst festen Fundament gebaut sein. Darum geht es in Teil eins dieses Buches. Hier werde ich:

- definieren, was Meditation wirklich ist, und den Begriff entmystifizieren;
- Ihnen erzählen, was die 8-Minuten-Meditation bewirken kann – und was nicht;
- ein paar gängige Missverständnisse und Widerstände gegenüber der Meditation ansprechen und aus dem Weg räumen;
- von Anfängern häufig gestellte Fragen beantworten;
- Ihnen eine einfache und handfeste »Gebrauchsanweisung« geben, die Sie in den nächsten acht Minuten, in den nächsten acht Wochen – und vielleicht für den Rest Ihres Lebens anwenden können.

Es ist nur verständlich, dass Sie diesen Teil am liebsten überspringen und »zur Sache kommen«, sprich: mit dem Meditieren anfangen würden. Widerstehen Sie dieser Versuchung. Dieser Stoff ist wichtig. Sie haben eine viel größere Chance, beim Meditieren erfolgreich zu sein, wenn Sie ihn aufmerksam durchlesen.

WAS IST MEDITATION?

Meditation ist keine statische »Sache«, sondern eine »Handlung«. Deswegen ist es so schwer, sie festzunageln und zu definieren.

Viele Definitionen wurden mit Hilfe von Metaphern formuliert. Hier sind zwei Beispiele, ein klassisches und ein modernes:

- »Es ist, als lasse man schlammiges Wasser in einem Glas stehen. Allmählich sinkt das Sediment zu Boden und das Wasser wird klar.« (Taisen Deshimaru)
- »... wie eine Taucherausrüstung. Sie sehen, hören, fühlen und schmecken Ihre Gedanken, ohne darin zu ertrinken.« (Laurie Fisher Huck)

Doch all das sind verbale Versuche, etwas zu beschreiben, das mit Worten nicht beschrieben werden kann. Meditation ist ein aktiver Prozess, in dem Konzentration, Einsicht und Weisheit zusammenfließen. Ich würde sie so beschreiben:

- Meditation ist kein Nomen, sondern ein Verb. Meditation ist ein dynamischer Prozess, kein Ergebnis. So wie der flüssige und fließende Zustand des Wassers das Gegenteil von zu Eis gefrorenem Wasser ist. Das meine ich, wenn ich sage, dass Meditation etwas ist, das man »tut« – kein Nomen, sondern ein Verb, ein »Tuwort«.
- Meditation ist nicht das Ziel, sondern der Weg. Indem Sie sich hinsetzen, um zu meditieren, haben Sie Ihr Ziel bereits erreicht. Toll, was? Sie können nur gewinnen!
- Meditation ist nicht die Speisekarte, sondern das Essen. Alfred Korzybski, der berühmte polnische Mathematiker, sagte einmal: »Die Landkarte ist nicht die Landschaft.« Die beste Möglichkeit, die Landschaft der Meditation zu verstehen, ist das Meditieren. Alles andere ist so, als wolle man einem Marsmenschen er-

klären, was Sachertorte ist. Da können Sie sich den Mund fusselig reden, der arme Außerirdische wird nicht verstehen, wovon Sie reden – bis er diese süße Leckerei probiert hat.

Dennoch möchte ich Ihnen eine Definition von Meditation geben, an der Sie sich in den nächsten acht Wochen festhalten können. Sie wird verhindern, dass Sie Zeit verlieren, weil Sie sich jedes Mal, wenn Sie sich zum Meditieren hinsetzen, fragen, ob Sie wirklich meditieren – anstatt es wirklich zu tun.
Also, machen wir es ganz einfach. Für die nächsten acht Wochen wird das Folgende zur Definition für die 8-Minuten-Meditation erklärt:

Meditieren heißt zulassen, was ist.

Bitte schließen Sie jetzt sofort die Augen, entspannen Sie sich und fühlen Sie sich etwa eine Minute lang in Ihren Körper ein. Spüren Sie Ihre Hände auf dem Schoß, Ihre Füße auf dem Boden. Hören Sie die Geräusche von der Straße. Nun wiederholen Sie die Definition drei Mal so aufmerksam wie möglich, wobei Sie nach jedem Wort eine kleine Pause machen.

Meditieren heißt zulassen, was ist.
Meditieren heißt zulassen, was ist.
Meditieren heißt zulassen, was ist.

Haben Sie einen kleinen Geschmack von Meditation bekommen? Bestimmt. Und wo wir gerade dabei sind, wussten Sie das schon:

MEDITATION SCHMECKT PRIMA.
UND IST AUCH NOCH GUT FÜR SIE.

In prähistorischer Zeit (vor MTV) gab es jene Fernsehshows für Kinder, in denen der Showmaster einen Laib Brot hochhielt und dabei verkündete: »Kinder, Vollkornbrot schmeckt prima! Und ist auch noch gut für euch!«

Warum schmeckt Meditation so gut? Der Geschmack der Meditation ist ganz einfach der Geschmack des Friedens. Und wie schmeckt Frieden? Wie etwas, das mit Worten nicht beschrieben werden kann – und das Sie dennoch so gut kennen wie Ihren eigenen Namen.

Also machen Sie sich bereit, denn bei der 8-Minuten-Meditationspraxis geht es unter anderem darum, Ihnen einen Geschmack von Frieden zu geben – acht Minuten lang, jeden Tag.

Und warum ist Meditation auch noch gut für Sie? Das sagt uns der gesunde Menschenverstand. Wenn Sie sich in einem entspannten Gemütszustand befinden, in dem Sie alles zulassen, sind Sie geistig weniger aufgewühlt, Ihr Gehirn sendet weniger Stressbotschaften aus und erlaubt Ihrem Körper, entspannter und gesünder zu werden.

In den letzten Jahrzehnten hat die medizinische Forschung viele Studien über die wohltuenden Auswirkungen der Meditation durchgeführt. Die Ergebnisse dieser Studien weisen unter anderem darauf hin, dass Meditation allein oder im Zusammenwirken mit anderen Verfahren in der Lage ist,

- den Blutdruck zu senken,
- akute und chronische Schmerzen zu lindern,

- die Muskelreaktionszeit zu verbessern,
- Zwerchfell und innere Organe zu entspannen,
- Atmungseffizienz und Lungenvolumen zu vergrößern,
- Angstzustände und Stress zu vermindern sowie
- das Erkennen zwanghafter Verhaltensweisen zu beschleunigen.

Die jüngsten Forschungen zum Thema Meditation finden vor allem auf einem Gebiet statt, das als *Neuroplasticity* bezeichnet wird und sich mit neuroplastischen Prozessen im menschlichen Körper beschäftigt. Forschungen, die kürzlich an der Universität von Wisconsin durchgeführt wurden, haben Erstaunliches ergeben: Meditation, regelmäßig und über mehrere Jahre hinweg praktiziert, kann das Gehirn anregen, sich neu zu »verkabeln« und bewirkt damit, dass der betreffende Mensch glücklicher wird! (*Time* 4. August 2003; *The New York Times Magazine* 14. September 2003)

Doch vergessen Sie nicht: Diese Ergebnisse beziehen sich auf die Gehirne von Menschen, die mindestens zehn Jahre lang meditiert haben. Seien Sie also nicht enttäuscht, wenn Sie nach Ihrer ersten 8-Minuten-Meditation noch nicht finden, dass sich bei Ihnen etwas Grundlegendes verändert hat. Betrachten Sie diese aufregenden neuen Forschungsergebnisse als etwas, das man anstreben kann – als einen weiteren Grund, warum »Meditation prima schmeckt und auch noch gut für Sie ist!«

DER UMHERSCHWEIFENDE GEIST ODER WAS DIE MEDITATION BEHINDERT

Dies ist ein guter Zeitpunkt, um Sie mit jemandem bekannt zu machen, dem Sie während Ihrer Meditationspraxis in den nächsten acht Wochen oft begegnen werden: Ihrem ständig umherschweifenden Geist. Er wird sowohl Ihr größtes Hindernis in der Meditation sein, als auch Ihr Weg zum Erfolg.

Wenn Sie die ersten Male oder nur ab und zu meditieren, ist die Wahrscheinlichkeit hoch – so um die hundert Prozent –, dass Sie sich, sobald Sie zu meditieren beginnen, einem ununterbrochenen und völlig unkontrollierbaren Gedankenstrom ausgesetzt fühlen. In der Meditationstradition des Zen heißt es dann »den Wasserfall beobachten« – diesen ständigen Gedankenschwall, der sich aus Ihrem Geist ergießt und den mein Freund, Pastor John Newton, als »kognitiven Müll« bezeichnet.

Ausnahmslos alle Meditationsanfänger glauben, dass der Prozess des Meditierens irgendwie für diese Kaskade von Gedanken verantwortlich ist. In Wirklichkeit ist es anders herum. Ihre persönlichen Niagarafälle sind und waren schon immer da. Sie haben es bisher nur nicht bemerkt, weil Sie zu sehr damit beschäftigt waren, darin zu ertrinken! Die Meditationspraxis bietet Ihnen nun, vielleicht zum ersten Mal in Ihrem Leben, eine erstaunliche Chance: eine Möglichkeit, trotz der Sintflut warm und trocken zu bleiben.

Hier ein Beispiel dafür, wie Meditation Ihnen hilft, das möglich zu machen:

Sagen wir, Sie sind mitten in Ihrer 8-Minuten-Meditation. Ihr Geist ist ruhig und friedlich. Plötzlich taucht aus dem Nichts folgender Gedanke auf: *Oh, mein Geist scheint ziemlich ruhig zu sein.* Das ist der Keim dessen, was ich eine »Gedankengeschichte« nenne, und er kann zu Folgendem führen:

Frieden. Ja! Das ist es doch, was sich einstellen soll? ... Wie kann ich in diesem Zustand bleiben? ... Uh – oh, ich bin gerade dabei, ihn wieder zu verlieren ... Verdammt! Weg ist er! Mist noch mal, ich kann wirklich nichts richtig machen ... Wie heute, als ich diese E-Mail von Sarah gelöscht habe ... Meine Güte, war Reed vielleicht sauer ... Na ja, er ist sowieso ein typischer Fischkopf! ... Übrigens, der Supermarkt hat heute Räucherlachs im Angebot. Ich sollte mir auf dem Nachhauseweg unbedingt was davon besorgen ...

Und so weiter und so weiter. Verstehen Sie, was ich meine? Sie gehen von Ruhe und Frieden aus und landen beim Einkauf fürs Abendessen! Alles innerhalb einer Sekunde. Das ist der umherschweifende Geist.

Sie brauchen sich nicht schlecht zu fühlen, weil Sie einen umherschweifenden Geist haben. Sie sind nicht der einzige. Jedem von uns geht es so, vierundzwanzig Stunden am Tag, sieben Tage pro Woche. Der Geist ist eine Gedankenmaschine, die ständig in Betrieb ist und deren einzige Aufgabe im Denken besteht. Er ist ein treuer, unermüdlicher Arbeiter, der Sie nie im Stich lassen wird. Und übrigens, Sie haben in dieser Angelegenheit kein Mitspracherecht.

Nun denn, wenn Sie Ihre Gedanken weder anhalten noch unterdrücken können, wie gehen Sie dann so mit ihnen um, dass Sie in Ruhe und Frieden leben können? Hier kommt Ihnen die Meditation mit einer einfachen, eleganten und kraftvollen Lösung zur Hilfe: Unterdrücken Sie das Denken nicht. *Übertreffen Sie es.*

Wie um alles in der Welt sollen Sie das bewerkstelligen? Nun, Sie können damit anfangen, dass Sie sich an Ihre neue Definition von Meditation erinnern und »zulassen, was ist«. Und dann? Dann machen Sie das, was ich *»die drei Meditationsschritte«* nenne:

1. Sie erkennen, dass Sie denken.
2. Sie kehren sanft zu Ihrer Meditation zurück.
3. Sie wiederholen die Schritte 1 und 2 so oft wie nötig (und das wird sehr oft sein).

Meditation ist die Kunst des sanften Zurückkehrens – immer wieder. Und wieder. Deswegen sprechen wir von *Meditationspraxis*.

Eine wichtige Anmerkung: Wenn ich vom umherschweifenden Geist spreche, meine ich jene lästigen, unruhigen, nicht zusammenhängenden Gedanken, die Ihnen permanent Energie abziehen und Sie einfach wahnsinnig machen. Der umherschweifende Geist ist nicht dasselbe wie das Denken als solches und sollte nicht damit verwechselt werden.

Sie müssen ständig irgendwelche Dinge tun, hierhin und dorthin gelangen, zur Arbeit gehen, die Kinder von der Schule abholen. Es ist ein Glück, dass Ihr Geist die ganze Zeit arbeitet und dafür sorgt, dass Sie aufpassen, wo Sie hintreten, dass Sie nicht in Schwierigkeiten kommen und Ihre Autoschlüssel nicht vergessen. Aber es gibt einen Unterschied zwischen dem umherschweifenden Geist und dem, was man als »arbeitenden« Geist bezeichnen könnte. Wenn Sie länger meditieren, werden Sie in der Lage sein, mit immer größerer Klarheit zwischen diesen beiden zu unterscheiden.

Wir werden uns in den nächsten acht Wochen noch sehr viel eingehender mit dem umherschweifenden Geist beschäftigen. Im Moment sollten Sie lediglich wissen, dass es nicht die Meditation ist, die ihn hervorruft. Er hat Sie Ihr ganzes Leben lang begleitet. Ist es nicht gut, das endlich zu erkennen und zu wissen, dass Sie kurz davor sind, etwas dagegen zu tun?

WARUM MEDITIEREN?

Der römische Philosoph Seneca fragte einmal: »Was nützt Wind, wenn man keinen Kompass hat?« Dieser Abschnitt wird Ihnen helfen, Ihr persönliches Meditationsziel zu definieren.

Die Menschen finden aus vielen Gründen zur Meditation, aber was sie anstreben, fällt in eine oder mehrere der folgenden Kategorien:

- physische Gesundheit, zum Beispiel eine Senkung des Blutdrucks,
- seelische Gesundheit, zum Beispiel eine Senkung des Stressniveaus,
- spirituelles Wachstum, zum Beispiel die Suche nach einer engeren Verbindung zum Leben.

Warum wollen Sie meditieren lernen? Das ist eine sehr wichtige Frage und Sie sollten keine Scheu haben, sie zu stellen. Es herrscht der Irrglaube, dass Meditation nicht zielgerichtet sein sollte. Das ist sowohl ungenau als auch verwirrend.

Wir leben in einer Gesellschaft, die sich an Zielen orientiert. Wenn wir etwas tun, erwarten wir ein Ergebnis –

vielleicht fordern wir es sogar. Immerhin, warum sollten wir Zeit und Mühe in etwas investieren, das uns keinen konkreten Vorteil bringt? Ich würde das nicht tun und Sie sollten es auch nicht tun.

Es ist absolut nichts falsch daran, ein Ziel vor Augen zu haben, das Sie mit Hilfe der Meditation erreichen möchten. Im Gegenteil, ich glaube, dass es gut ist, ein solches Ziel zu haben. Wenn Sie Ihr eigenes Meditationsziel definieren möchten, kann es hilfreich für Sie sein, einen Blick auf ein paar beliebte Ziele zu werfen:

- Sie leiden unter akuten oder chronischen Schmerzen und haben gehört oder gelesen, dass Meditation Schmerzen lindern kann.
- Sie werden wegen Stress, Angstzuständen oder hohem Blutdruck medikamentös behandelt und Ihr Arzt rät Ihnen, zusätzlich zu meditieren.
- Sie sind durcheinander und machen sich große Sorgen. Sie brauchen etwas, das Ihnen hilft, »einen Gang herunterzuschalten«, möchten aber nicht bei Martinis und Beruhigungsmitteln Zuflucht suchen.
- Ihr Leben ist einfach abgefahren, aber Sie hängen durch. Sie fühlen, dass etwas fehlt. Zwar wissen Sie nicht genau, was es ist, aber Sie haben gehört, dass manche Menschen die Antwort in der Meditation finden.
- Sie sind oft wütend oder gereizt und manchmal reagieren Sie völlig unangemessen. Sie haben gehört, dass Meditation Ihnen helfen kann, Ihre Wut in den Griff zu bekommen.

Nun, nachdem Sie die Gründe einiger anderer Menschen kennen gelernt haben, wollen wir herausfinden, aus welchem Grund *Sie persönlich* meditieren möchten. Ihre Antwort ist sehr wichtig, denn sie macht Ihnen bewusst, welcher »Treibstoff« Sie durch die nächsten acht Wochen tragen und dafür sorgen wird, dass Sie dabei bleiben, was immer auch geschieht.

Nehmen Sie sich also jetzt gleich ein paar Minuten und entspannen Sie sich. Schließen Sie die Augen. Beobachten Sie, was in Ihrem Geist auftaucht, und vollenden Sie den folgenden Satz: »Meditation ist ein Prozess, der mir helfen kann _____.«

Prima! Was immer Sie gesagt haben, war die perfekte Antwort.

Sie möchten meditieren, weil Sie glücklicher sein möchten? Gut, Sie möchten glücklicher sein. Dann sagen Sie: »Meditation ist ein Prozess, der mir helfen kann, glücklicher zu werden.« Sie haben daran gedacht, wie sehr Ihr eigenes aggressives Verhalten im Straßenverkehr Ihnen manchmal Angst macht. Gut, dann lautet Ihre Definition: »Meditation ist ein Prozess, der mir helfen kann, am Steuer nicht so schnell wütend zu werden.«

Sie haben den Grund zu meditieren gefunden, der *für Sie* von Bedeutung ist – nicht für jemand anderen. Schreiben Sie diesen Satz auf und platzieren Sie ihn so, dass Ihr Blick darauf fällt, bevor Sie mit Ihrer täglichen 8-Minuten-Meditation beginnen.

Jetzt, nachdem Sie Ihren persönlichen Grund zu meditieren gefunden und sich damit vertraut gemacht haben, wollen wir uns dem 8-Minuten-Meditationsprogramm zuwenden und sehen, wie einfach und doch kraftvoll es für Sie sein kann.

DAS 8-MINUTEN-MEDITATIONSPROGRAMM
SCHRITT FÜR SCHRITT

Das 8-Minuten-Meditationsprogramm ist benutzerfreundlich, leicht durchzuführen und effektiv. Hier ist alles, was Sie tun müssen:

- *Lesen Sie Teil eins ganz durch.* Lassen Sie nichts aus und springen Sie nicht einfach zu den Teilen zwei und drei.
- *Machen Sie sich mit den Meditationsanleitungen vertraut.* Das sind Ihre »Grundregeln«, die Sie bei der Stange halten und Ihre Meditationssitzung optimieren sollen.
- *Meditieren Sie täglich acht Minuten lang.* Teil zwei dieses Buches ist in acht Kapitel eingeteilt, jeweils eines für jede Woche des Programms. Für jede Woche wurde eine spezielle Technik der geführten Meditation ausgewählt. Außerdem enthält jedes Kapitel so genannte »Check-in-Abschnitte«. Hier werden Sie nach Ihren bisherigen Fortschritten gefragt, bekommen Erklärungen und Tipps zur Meditationstechnik dieser Woche sowie einen Meditationsplan und erfahren, welche Fragen häufig gestellt und wie sie beantwortet werden.
- *Arbeiten Sie sich Woche für Woche vor.* Am Ende jeder Woche, blättern Sie einfach weiter und gehen zur nächsten, neuen Meditationstechnik über. Die Techniken wurden so ausgewählt und zusammengestellt, dass Sie Ihre Meditationspraxis allmählich vertiefen können. Deswegen ist es gut, sich nach und nach vorzuarbeiten und nicht durch das Buch zu »zappen« oder vorzublättern.

- ***Bauen Sie Ihre Praxis aus.*** Am Ende der achten Woche haben Sie die Möglichkeit, dort zu bleiben, wo Sie sind, oder Ihre Meditationspraxis noch zu vertiefen. In Teil drei finden Sie verschiedene einfache Möglichkeiten, dies zu tun, sowie ein sehr wirksames Muster für Meditation in Aktion, das Ihnen deutlich macht, wie Sie die Meditation auf jede einzelne Ihrer täglichen Verrichtungen anwenden können. Diese Erweiterung kann ich Ihnen nur wärmstens empfehlen. Und probieren Sie auf jeden Fall die Meditation in Aktion aus.

WAS IHR 8-MINUTEN-MEDITATIONSPROGRAMM BEWIRKT – UND WAS NICHT

Das 8-Minuten-Meditationsprogramm *wird nicht*:

- *zu Ihrer Verwirrung beitragen.* Die Meditationstechniken sind so einfach, dass jedes Kind sie nachvollziehen kann (und wenn Sie ein Kind haben, sollten Sie das vielleicht ausprobieren).
- *belehrend sein.* Sie haben sich dieses Programm ausgesucht, weil Sie Ihre Zeit nicht damit verbringen möchten, etwas über die Geschichte oder Philosophie der Meditation zu erfahren. Sie möchten meditieren und sich keine Vorlesung anhören.
- *in Ihrem Innern und in Ihrer Vergangenheit herumwühlen.* Warum sollten Sie über Befindlichkeitsstörungen, Gehirnchemie oder Ihre Kindheit diskutieren? In Hollywood sagen wir: *Let's cut to the chase* (etwa: »Schneiden wir alles raus bis auf die Verfolgungsjagd.«). In diesem Fall heißt das: Wir schneiden alles

raus bis auf die Meditation, jetzt, in genau diesem Moment.

- *ins Religiöse gehen.* Ihr 8-Minuten-Meditationsprogramm ist nicht konfessionell, nicht sektiererisch und nicht politisch. Es gibt keine versteckten Prioritäten, weder buddhistische noch sonst welche.
- *zu Ihrer Erleuchtung führen.* Erleuchtung ist ein Wort, das offenbar jeder unüberlegt im Munde führt, vom New-Age-Guru bis zum Marketingmanager für Softdrinks. Und niemand – ich wiederhole: niemand – weiß, was es bedeutet! Bei unserem 8-Minuten-Meditationsprogramm geht es um Meditation. Vergessen Sie die Erleuchtung. Entspannen Sie sich einfach und meditieren Sie.
- *Ihr Guru sein wollen.* Manche Lehrer behaupten, ohne einen Guru oder Meister, der einen lehrt, könne man nicht effektiv meditieren. Viele angesehene Lehrer sind mit mir der Meinung, dass dem nicht so ist. Alles, was Sie zum Meditieren brauchen, ist hier, in diesem Buch.
- *den »geheimen Trick verraten« oder eine Abkürzung zeigen.* Glauben Sie mir, wenn ich das könnte, würde ich es tun. Aber in der Meditation gibt es keine Tricks und keine Abkürzungen. Die 8-Minuten-Meditation ist bereits auf das Essentielle reduziert. Also entspannen Sie sich. Eine einfachere Meditation als diese gibt es nicht.
- *Und das 8-Minuten-Meditationsprogramm wird Sie nicht im Stich lassen.* In den nächsten acht Wochen werde ich Sie Schritt für Schritt auf Ihrem Weg begleiten. Ich bin diesen Weg selbst gegangen und kann vorhersehen, welche Herausforderungen, Fragen und

Zweifel dort auf Sie warten. Ich habe alle möglichen »Hilfestellungen« in dieses Programm eingebaut. Was ich damit meine, werden Sie schon in der ersten Meditationswoche merken.

Das 8-Minuten-Meditationsprogramm *wird:*

- *Sie jetzt sofort in die Meditation führen.* Dieses Meditationsprogramm ist ganz einfach, klar und benutzerfreundlich – und führt Sie *jetzt sofort* in die Meditation. Schauen Sie auf die Uhr. In weniger als zwanzig Minuten kann Ihre erste Meditationssitzung beginnen.
- *auf Ihre Zeit und Ihre Energie Rücksicht nehmen.* Es scheint, als hätte der Tag nie genug Stunden um zu tun, was man tun muss – vom Meditieren ganz zu schweigen. Deswegen werden Sie lediglich gebeten, acht Minuten Ihres Tages zu opfern. Nicht zehn, nicht zwanzig oder fünfundvierzig. *Nur acht Minuten.* Keine Sekunde mehr, keine weniger.
- *Ihnen klare, einfache und effektive Anweisungen geben.* Das Programm und dieses Buch sind 100% fachjargonfrei. Sie werden kein Wort entdecken, das Sie nicht verstehen, keine Meditationsanweisung, die Sie nicht nachvollziehen können, keine philosophischen oder technischen Abhandlungen.
- *es Ihnen ermöglichen, in kurzer Zeit eine kraftvolle Meditationspraxis aufzubauen.* Viele Menschen sind der Ansicht, man müsse sich nach Tibet aufmachen und Monate im Lotossitz verbringen, um eine kraftvolle Meditationspraxis zu entwickeln. Nun, das ist einfach nicht wahr. Wenn Sie sich an den Plan halten und acht Wochen lang acht Minuten pro Tag meditie-

ren, werden Sie allmählich eine starke, disziplinierte Meditationspraxis aufbauen, die Sie noch vertiefen und ein Leben lang beibehalten können.

- *Ihre grundlegenden Fragen beantworten.* Zu jedem Kapitel dieses Buches gehört ein Unterkapitel mit Fragen und Antworten. Übrigens, die Antwort auf die Fragen ist im Prinzip immer die gleiche: »Sie machen das prima. Halten Sie sich an das Programm. Und meditieren Sie weiter.«
- *Ihnen helfen, die »rauen Stellen« zu glätten.* Die ganz speziellen Bedenken, Fragen oder Zweifel, die Sie quälen, sind höchstwahrscheinlich schon von Tausenden von anderen Meditierenden vorgebracht worden. Sie werden sehen, dass diese Themen an vielen Stellen entlang des Weges angesprochen werden. Sie müssen sich nicht schämen oder sich dumm und unwissend vorkommen. Uns allen ist es so gegangen.
- *Sie unterstützen und Ihnen Mut machen.* Ich begleite jeden Ihrer Schritte auf dem Weg, nicht nur um Ihre Fragen zu beantworten, sondern auch um Ihre Bemühungen zu unterstützen. Und das bis zur letzten Seite dieses Buches. Eines kann ich Ihnen versprechen: Ich will Ihnen von ganzem Herzen helfen, dorthin zu gelangen, wohin Sie möchten.
- *Ihnen die richtige Richtung zeigen.* Wie ich Ihnen schon sagte, haben Sie am Ende Ihres achtwöchigen Meditationsprogramms Gelegenheit, Ihre Meditationspraxis zu erweitern und zu vertiefen. Teil drei enthält alles, was Sie dafür brauchen, unter anderem einen Praxisplan und Beispiele dafür, wie Sie die Meditation in Ihren Alltag bringen können.

WAS PASSIERT IN DIESEN ACHT MINUTEN?

Jetzt denken Sie vielleicht, dass acht Minuten ganz schön lang sein können, wenn man nur still sitzt und nichts tut. Das ist ein großartiger Gedanke, der uns geradewegs ins Herz der Meditation führt. Lassen Sie mich also zwei Dinge klarstellen:

- Acht Minuten sind keine lange Zeit.
- Meditation ist nicht »nichts tun«, ganz im Gegenteil.

Holen Sie sich einen Küchentimer oder Ihre Armbanduhr und stoppen Sie die Zeit, während Sie die nächsten Abschnitte lesen.

Acht Minuten sind keine lange Zeit
Sie müssen nicht Stephen Hawking sein um zu erkennen, dass Zeit relativ ist. Wir alle wissen, was es bedeutet, wenn wir sagen, die Zeit sei »wie im Flug vergangen«. Damit versuchen wir zu beschreiben, was wir erlebten, als wir so in etwas vertieft waren, dass wir den Bezug zur relativen Zeit verloren haben. Das kann gewesen sein, als wir ein Fußballspiel angeschaut, an einer Yogastunde teilgenommen oder einfach mit einem engen Freund zusammen waren. Was immer es war, es hat uns eine Erfahrung der Zeitlosigkeit beschert.

    Auf der anderen Seite haben Sie sicher, genau wie wir alle, schon erlebt, dass Ihnen die relative Zeit wie »eine Ewigkeit« vorgekommen ist. Zum Beispiel die zwei Minuten, die Sie zum Linksabbiegen an der Kreuzung warten mussten, als Sie auf dem Arbeitsweg spät dran waren; die zehn Minuten, die Sie vergeblich in der Schlange vor der Bank standen, weil der Geldautomat den Geist aufgegeben hatte, oder die zwölf Minuten, in denen Ihnen ein Mensch von der Krankenversicherung erklärte, warum Sie einen Teil Ihrer Arztrechnung selbst bezahlen müssen. Bei solchen Gelegenheiten fühlt sich Zeit eher wie eine Belastungsprobe an als wie eine flüchtige Angelegenheit.

Sie sehen also: Zeit kann im Handumdrehen vergehen oder sich eine Ewigkeit hinziehen. Es ist alles eine Frage der Aufmerksamkeit, die wir einer Aktivität schenken. Die 8-Minuten-Meditation liefert Ihnen eine Reihe von Meditationstechniken, die Ihre Aufmerksamkeit voll und ganz in Anspruch nehmen. Aber auch hier gilt, was Lauren Bacall einst zu Humphrey Bogart sagte, als sie ihn küsste: »Es geht viel besser, wenn du mithilfst.«

Treffen wir uns also auf halbem Wege. Wenn Sie bereit sind zu meditieren, fällen Sie bitte kein vorschnelles Urteil darüber, wie es im Hinblick auf die Zeit wohl sein wird. Betrachten Sie die Meditationssitzung nicht als schreckliche Bürde oder langweilige Aufgabe und – um Himmels willen – auch nicht als etwas, das Ihnen gut tun wird (dann ist die Katastrophe vorprogrammiert).

Stellen Sie einfach Ihren Timer auf acht Minuten. Und meditieren Sie.

Nichts tun ist in Wirklichkeit etwas

Ein weit verbreitetes Missverständnis besagt, dass Meditation »nichts tun« ist. In Wirklichkeit ist Meditation sehr viel mehr, als was Sie sich gegenwärtig unter »etwas« vorstellen!

Was meine ich damit? Nur das: Wann immer Sie meditieren, sind Sie in einen Prozess eingebunden, in ein

»Etwas«, das einhundert Prozent Ihrer konzentrierten Aufmerksamkeit erfordert. Wenn Sie so aufmerksam sind, sind Sie höchst aktiv, aber auf eine völlig neue, friedliche, gelassene Weise, die es Ihnen erlaubt, eine andere Beziehung zu Ihrem Geist aufzunehmen, die alles verändern kann.

Das ist ein großer Vorzug der Meditation, von dem Sie profitieren werden, sobald Ihre Praxis richtig in Gang gekommen ist. Im Moment sollten Sie sich lediglich daran erinnern, dass Meditation nichts mit Abdriften zu tun hat, sondern vielmehr mit Ankommen.

Die Meditationszeit stoppen

Wo wir gerade beim Thema Zeit sind, möchte ich noch über einen sehr wichtigen Gegenstand sprechen, den Sie einfach haben müssen, um richtig meditieren zu können: einen Timer.

Während der Meditationssitzung auf die Uhr zu schauen ist kontraproduktiv. Es versetzt Sie sozusagen in Bereitschaft, also in einen Zustand, in dem Sie immer wieder die Augen öffnen, um zu prüfen, wie viel Zeit schon vergangen ist, und auszurechen, wie viel noch bleibt. Diese alles andere als optimale Situation kann ganz leicht durch Einsatz eines Timers verbessert werden. Sie stellen ihn auf acht Minuten und vergessen ihn.

Um das Beste aus der 8-Minuten-Meditation herausholen zu können, brauchen Sie also einen Küchentimer. Sollen Sie noch keinen haben, es gibt sie in Haushaltswaren- oder Elektrogeschäften. Die Investition von etwa zehn Euro zahlt sich aus, denn dieses Gerät hilft Ihnen, ideale Voraussetzungen für Ihre Meditation zu schaffen.

Achten Sie darauf, dass Ihr Timer elektronisch ist und kein ablenkendes Ticken erzeugt.

Eine andere Möglichkeit ist, dass Sie die CD einsetzen, die ich zu diesem Programm entwickelt habe. Sie enthält die gleichen Meditationsanleitungen wie dieses Buch. Wenn Sie die CD eingelegt haben, setzen Sie sich einfach hin, wählen die Nummer mit der Meditationsanleitung für die jeweilige Woche, drücken auf Play, schließen die Augen und lassen sich durch Ihre 8-Minuten-Meditation führen. Ein angenehmer Gongschlag macht Sie darauf aufmerksam, dass die acht Minuten vorüber sind. Das ist alles. Die CD können Sie über meine Website www.8minutes.org bestellen.

Schauen Sie jetzt auf Ihre Uhr oder Ihren Timer. Wie viele Minuten haben Sie gebraucht, um von Seite 43 bis hierher zu lesen? Gut. Ziehen Sie diese Zeit von acht Minuten ab und Sie haben eine Vorstellung davon, wie schnell eine achtminütige Meditationssitzung vorbei ist.

»ABER, ES IST DOCH ...« AMMENMÄRCHEN ÜBER MEDITATION

Die beiden wichtigsten Entschuldigungen, die Menschen vorbringen, weil sie nicht meditieren, habe ich bereits angesprochen: Sie haben keine Zeit und es ist zu schwer. Wir werden uns nun ein paar Minuten Zeit nehmen, um mit einigen Missverständnissen über Meditation aufzuräumen. Mein Kindermädchen, Pauline Spector, sprach in diesem Zusammenhang von Bubbe Meintzes (ein jiddischer Ausdruck, der so viel wie

»große Geschichten« bedeutet; Anm. d. Übers.). Sie kennen das vielleicht als »Ammenmärchen« und buddhistische Großmütter würden sagen, »den Tiger an die Wand malen«. Es bedeutet immer das Gleiche: Man macht ein Problem, wo es keines gibt. Werfen wir also einen Blick auf die beliebtesten Ammenmärchen über Meditation:

1. Meditation ist zu schwer.
Meditation ist weder zu schwer noch zu leicht. Versuchen Sie gleich mal Folgendes:

- Schließen Sie die Augen. Entspannen Sie sich.
- Achten Sie auf Ihren Atem.
- Beobachten Sie einen ganzen Atemzyklus.

Waren Sie in der Lage, mit Ihrer Aufmerksamkeit ganz bei Ihrem Atem zu bleiben, ohne zu denken, Tagträumen nachzuhängen, nervös zu werden oder sich zu fragen, was Sie hier eigentlich machen? Wahrscheinlich nicht. Ist es nicht erstaunlich, wie viele Gedanken man in einen einzigen Atemzyklus packen kann – als wäre er ein unendlich weit ausdehnbarer Koffer?

Aber mal abgesehen von all dem inneren Geschwätz, fanden Sie es besonders schwierig, Ihren Atem zu beobachten? Natürlich nicht. Das ist Meditation: mit der Aufmerksamkeit bei etwas sein; erkennen, dass man abgeschweift ist, und dann wieder sanft zurückkehren. Es ist genau das, was unsere Definition der 8-Minuten-Meditation besagt: zulassen, was ist.

Ein Tourist ging suchend durch Manhattan und fragte den weltbekannten Geiger Jascha Heifetz, wie man zur

Carnegie Hall kommt. Der antwortete: »Üben!« Mit Meditation ist es das gleiche: Indem Sie üben, werden Sie immer besser darin.

2. Meditation hat etwas mit Religion zu tun.
Ein vor allem im Westen weit verbreitetes Missverständnis setzt Meditation mit Buddhismus gleich. Aber es gibt einen wichtigen Unterschied: Buddhismus ist eine Religion, genau wie das Judentum und das Christentum. Meditation hingegen ist ein Prozess der Bewusstheit, der allen offen steht und der in der buddhistischen Tradition auf unterschiedliche Weise gelehrt wird. In der Tat finden Sie meditative Elemente nicht nur im Buddhismus, sondern in allen großen religiösen Traditionen, einschließlich dem Christentum und dem Judentum.

Seien Sie versichert, das 8-Minuten-Meditationsprogramm ist absolut nicht sektiererisch. Es hat nur einen einzigen Zweck: Ihnen zu helfen, eine Meditationspraxis aufzubauen, die Sie Ihr Leben lang anwenden können. Etwas anderes steckt nicht dahinter.

3. Wenn man meditiert ist es, als sei man hypnotisiert. Es wirkt beängstigend.
Es wurde nachgewiesen, dass die Gehirnwellen eines Menschen in Meditation ein anderes Muster bilden als die Gehirnwellen eines Menschen, der schläft oder hypnotisiert wurde. Tiefe Entspannung ist ein Phänomen, das sich beim Meditieren auf ganz natürliche Weise einstellt – es gibt keinen Anlass zur Besorgnis. Selbst im Zustand der tiefen Entspannung sind Sie so bewusst und wach wie in Ihrem normalen Bewusstseinszustand, vielleicht sogar noch mehr. Das ist genau das Gegenteil von hypnotisiert, benommen oder in Trance sein.

4. Meditation ist eine Entschuldigung dafür, dass man der Realität und seinen Verpflichtungen entfliehen will.

Manche Menschen denken, Meditation sei eine raffinierte, selbstsüchtige und narzisstische Methode, sich vor Pflichten zu drücken und dem realen Leben aus dem Weg zu gehen. Nichts ist weiter von der Wahrheit entfernt. Bei der Meditation geht es nicht darum, dem Leben zu entfliehen, sondern eher darum, sich mitten hinein zu begeben! Und das funktioniert so:

Wenn Ihr Geist ruhig, konzentriert und offen ist, erleben Sie alle Aspekte des Lebens reicher und voller. Das kommt daher, dass Sie nicht alles beurteilen, sondern es zulassen, und zwar in jedem Moment. Diese neue Art zu sehen kann dazu führen, dass mehr »Lebensenergie« entsteht sowie der Wunsch, sich stärker mit jedem Aspekt des Lebens zu beschäftigen.

Also keine Angst. Ein Meditierender zu werden bedeutet nicht, dass Sie plötzlich aufwachen und feststellen müssen, dass Sie Ihre Anwaltspraxis aufgegeben und sich auf den Weg nach Bhutan gemacht haben, um dort in einem Kloster zu leben. Aber es kann sehr wohl bedeuten, dass Sie mehr Erfüllung in Ihrem Beruf finden, mehr Liebe für Ihre Familie aufbringen und mehr Respekt vor allem, was lebt.

5. Wenn man meditiert, muss absolute Stille herrschen.

Meditation hat etwas damit zu tun, die Welt hereinzulassen und nicht etwa auszuschließen. Die meisten Menschen glauben, man könne nur in absoluter Stille richtig meditieren, am besten auf einem Berggipfel, weit entfernt von unserer lauten und derben Alltagswelt. Aber das ist einfach nicht wahr.

Erinnern Sie sich an unsere Definition von Meditation? »Meditieren heißt zulassen, was ist.« Nun, diese wilde, laute, scheinbar lieblose Alltagswelt ist, ob Sie es nun gut finden oder nicht, »was ist«. Und dazu gehören die Alarmanlagen von Autos, das Lachen (und das Gebrüll) von Kindern und die Hip-Hop-Musik, die aus der Stereoanlage Ihres Nachbarn dröhnt.

In der Meditation behandeln wir alle von außen kommenden Störfaktoren genau gleich: Wir heißen Sie willkommen, ohne sie zu beurteilen, und unternehmen keinen Versuch, sie zu dämpfen oder abzuschwächen, indem wir »geistige« oder tatsächliche Sonnenbrillen, Ohrstöpsel oder Nasenklemmen anlegen. Sie wissen ja, wir »lassen zu ... lassen zu ... lassen zu«.

Diese Idee des Zulassens hat Shantideva, ein früher buddhistischer Weiser, sehr schön zum Ausdruck gebracht, als er sagte: »Wo könnte ich wohl genügend Leder auftreiben, um die Oberfläche der Erde damit zu bedecken? Aber auch wenn ich Sohlen aus Leder an meinen Schuhen trage, bedecke ich die Erde damit.«

Meditation macht Sie offen für eine völlig neue, friedliche und lohnende Beziehung mit der Welt, eine Beziehung, die alles umarmt und nichts zurückweist. Jedes Mal, wenn Sie meditieren, haben Sie Gelegenheit, auf eine neue Art und Weise zu leben – friedlicher und freudvoller und unmittelbar an diesem wilden, wunderbaren Ort, der Alltag heißt.

6. Wenn ich meditiere, muss ich Dinge aufgeben, die ich gern tue: Vogue lesen, Fußballspiele und Realityshows anschauen, Hamburger essen und Kaffee trinken.

Das dachte ich auch. Bis ich mit einem Zen-Meister koreanisches Grillfleisch aß und Bier trank. Viele Menschen glauben, sie müssten, wenn sie meditieren, auf alles verzichten, was sie gern tun. Ich nenne das die »Tofu-Meditation-Connection«. Sie gipfelt in vegetarischem Essen, Sojaprodukten, Kamillentee – und null Spaß (außer Sie stehen zufällig auf all diese Dinge).

Es mag sein, dass Sie Lehrer gehabt und Bücher gelesen haben, die Ihnen sagten, ein wahrer Meditierender müsse Vegetarier sein, dürfe nur Tee trinken und müsse vielleicht sogar zölibatär leben. Wenn das so wäre, dürften 98 Prozent der Meditierenden, die ich kenne, überhaupt nicht meditieren. Meine Wenigkeit eingeschlossen.

Die Vorstellung, man müsse Geliebtes aufgeben, ist nicht nur irrig, sondern sogar kontraproduktiv für den Prozess der Meditation. In Ihrem 8-Minuten-Meditationsprogramm gibt es keine Verbote – vor allem keine, die sich auf so genannte »Laster« beziehen. Das schließt alles Mögliche ein, vom doppelten Milchkaffee, über Filme wie *Terminator 2* bis hin zu tollem Sex.

Die Wahrheit ist: Wenn Sie zu meditieren beginnen, werden Sie höchstwahrscheinlich noch mehr Spaß an diesen – und an allen anderen Dingen – haben. Warum? Weil Sie sie viel intensiver erleben. Probieren Sie es aus, indem Sie die folgende *Süße Minimeditation* machen.

- Legen Sie sich einen mundgerechten Happen von etwas Süßem, zum Beispiel eine Rosine oder ein Stück Schokolade, zurecht.
- Nehmen Sie die Süßigkeit in die Hand. Untersuchen Sie den wunderschönen Happen, der vor lauter süßem Potenzial fast explodiert.
- Sehr, sehr langsam führen Sie die Süßigkeit zum Mund und setzen sie langsam auf Ihrer Zunge ab.
- Schließen Sie die Augen. *Verbinden Sie sich ganz* mit dem exquisiten Geschmack, der sich nun in Ihrem Mund und auf Ihrer Zunge auszubreiten beginnt.

Haben Sie gemerkt, wie viel intensiver Ihr Geschmackserlebnis ist, wenn Sie voll und ganz präsent sind? Stellen Sie sich vor, wie es wäre, wenn Sie alles in dieser Weise tun würden.

7. Ohne einen Lehrer, der persönlich anwesend ist, kann man nicht meditieren lernen.

Mit einem guten Lehrer ist es immer leichter, eine Fertigkeit zu erlernen. Wenn Sie also einen Lehrer finden, nehmen Sie ihn. Es ist jedoch unglücklicherweise eine Tatsache, dass es gar nicht so viele gute Meditationslehrer gibt. Einen zu finden ist schwer genug. Dann noch zu ihm zu gelangen, kann bedeuten, dass man nicht nur viele Kilometer zurücklegen, sondern auch viel Zeit und viel Geld investieren muss.

Das ist einer der Hauptgründe, warum ich die 8-Minuten-Meditation entwickelt habe. Bei diesem Programm bekommen Sie alles aus einer Hand. Alles, was Sie brauchen, um eine kraftvolle Meditationspraxis zu beginnen, aufzubauen und beizubehalten, liegt hier vor

Ihnen. Und obwohl ich nicht persönlich bei Ihnen sein kann, bin ich so nah wie der nächste Satz.

Es gibt ein altes Sprichwort, das besagt: »Wenn der Schüler bereit ist, taucht der Lehrer auf.« Vielleicht wartet auch auf Sie ein Lehrer. Werden Sie also erst ein Meditationsschüler. Etablieren Sie eine regelmäßige, tägliche 8-Minuten-Meditationspraxis und warten Sie ab, was auf Sie zukommt.

8. Es gibt nur eine einzig richtige Art zu meditieren.

Es gibt keine einzige und keine beste Art zu meditieren. Und *caveat emptor*: Hüten Sie sich vor der Person, dem Lehrer oder der Meditationsschule, die Ihnen das Gegenteil erzählt. Jemandem, der »so und nicht anders« sagt, sollten Sie schleunigst den Rücken kehren.

In den nächsten acht Wochen werden Sie acht einfache Meditationstechniken kennen lernen. Und das Gute daran ist:

- Sie werden jede davon gleich beim ersten Mal und jedes Mal beherrschen.
- Sie werden nicht eine einzige Anweisung finden, die Sie nicht verstehen.
- Es ist unmöglich, beim Meditieren zu scheitern. Sie müssen lediglich Ihr Bestes geben, und das ist nichts anderes, als was Sie die ganze Zeit tun, ob es Ihnen bewusst ist oder nicht.

Also bleiben Sie da und meditieren Sie. Immerhin, wie oft haben Sie die Chance, sich in eine absolut idiotensichere Situation zu begeben, in der Sie nur gewinnen können?

GEBRAUCHSANWEISUNGEN FÜR DIE 8-MINUTEN-MEDITATION

Heutzutage gibt es für alles, vom Aufbackbrötchen bis zum Sportwagen, eine eigene Gebrauchsanweisung. Normalerweise wird diese *nicht* gelesen und man handelt einfach, wie man es für richtig hält. Bitte wenden Sie diese Praxis nicht auf die Gebrauchsanweisungen für die 8-Minuten-Meditation an. Sie sind entscheidend für Ihre Meditationspraxis und am ersten Tag genauso relevant wie in der achten Woche – und darüber hinaus. Legen Sie ein Lesezeichen an diese Stelle des Buches, damit Sie immer wieder leicht hierher zurückfinden, wenn das nötig ist. Mit der Zeit werden diese Anweisungen ganz von selbst ein Bestandteil Ihrer Meditationspraxis werden und Sie werden sie einfach »auf Ihrem persönlichen Schirm« haben.

Setzen Sie sich hin und nehmen Sie sich wichtig.

Jedes Mal, wenn Sie sich zur Meditation hinsetzen, setzen Sie sich auch für Ihr natürliches Recht auf inneren Frieden, Selbstwert und Glück ein.

Wenn Sie sich also zum Meditieren hinsetzen, dann *setzen Sie sich wirklich hin! Und bleiben Sie sitzen!* Lassen Sie sich von nichts zum Aufstehen verleiten – außer von einem Erdbeben der Stärke 7,2, von einem Wirbelsturm oder einem wirklichen Notfall. Nein, dringend mal pinkeln müssen, zählt nicht als Notfall.

Denken Sie daran, die 8-Minuten-Meditationsmethode ist so einfach: Nirgendwo hin müssen. Nichts tun müssen. Nichts sein müssen. Einfach sitzen. Acht Minuten lang. Nicht mehr. Nicht weniger.

Seien Sie nett zu sich selbst.
Nicht nur in den nächsten acht Wochen, also während dieses Meditationsprogramms, sondern in jedem Augenblick Ihres Lebens, jetzt und für immer.

Im Anfangsstadium der Meditationspraxis stellt sich häufig Frustration ein. Es kann sein, dass Sie wütend auf das Meditieren werden, dass Sie das Gefühl haben, hier sollte irgendein Versprechen gehalten werden, das eben nicht in Erfüllung geht.

Wenn in der Meditation Wut, Verwirrung, Enttäuschung, Zweifel, Scham oder andere negative Gefühle und Gedanken auftauchen, regen Sie sich nicht auf und versuchen Sie nicht sie zu unterdrücken. Nehmen Sie einfach bewusst wahr, was geschieht. Fragen Sie sich: *Bin ich jetzt, in diesem Moment nett zu mir selbst?* Und wenn Sie es nicht sind, dann seien Sie es.

In der siebenten Woche Ihres 8-Minuten-Meditationsprogramms werden Sie eine Technik kennen und anwenden lernen, die Meditation der Liebenden Güte genannt wird. Sie wird Ihnen helfen, Zugang zur Quelle der liebenden Güte zu finden, die schon von Geburt an vorhanden ist – nicht nur in Ihnen, sondern auch in allen anderen Menschen.

Im Moment brauchen Sie nur dies zu wissen: Die Tatsache, dass Sie sich für eine Meditationspraxis entschieden haben, ist ein sicheres Zeichen dafür, dass Sie beschlossen haben, sich selbst mit der Freundlichkeit und dem Mitgefühl zu begegnen, das Sie verdient haben.

Acht Minuten. Jeden Tag. Nicht mehr. Nicht weniger.

Vielleicht haben auch Ihre Eltern früher gesagt: »Mach erst mal die Schule fertig. Dann kannst du deine eigenen Entscheidungen treffen.«

In acht Wochen, wenn Sie mit dem 8-Minuten-Meditationsprogramm »fertig« sind, werden Sie viel mehr von Meditation verstehen als jetzt. Dann werden Sie in der Lage sein, Veränderungen an Ihrer Praxis vorzunehmen – und hoffentlich werden diese Veränderungen auch beinhalten, dass Sie dann länger meditieren. Bis dahin jedoch sollten Sie sich an das Programm halten und acht Minuten meditieren. Nicht mehr und nicht weniger.

Sich an das Programm halten bedeutet auch, dass Sie nur einmal am Tag meditieren, das aber jeden Tag. Lassen Sie nicht einfach Montag und Dienstag aus, weil Sie denken, Sie könnten das dadurch wettmachen, dass Sie am Mittwoch vierundzwanzig Minuten meditieren. Das mag funktionieren, wenn man für ein Examen büffelt, aber beim Meditieren funktioniert es nicht. Regelmäßigkeit ist das A & O jeder erfolgreichen Meditationspraxis.

Gut, jetzt wissen Sie genau, wie viele Minuten am Tag Sie in den nächsten acht Wochen meditieren werden: Acht. Sie werden noch jede Menge Zeit haben, daran herumzufeilen. Nach dem Examen.

»Überlassen Sie das Fahren uns«

Diesen klassischen Werbeslogan von Greyhound Bus habe ich immer geliebt. Er sagt auf so perfekte Weise »entspann dich«. Und ich habe die 8-Minuten-Meditation entwickelt, damit Sie genau das tun können.

Ich möchte, dass Sie jede dieser acht Minuten wirklich in Meditation verbringen, ohne sich Fragen zu stellen, Zweifel zu hegen und zu zögern. Deswegen zielen alle Bestandteile dieses Buches, von den Fragen und Antworten, über die Einführungen zu den Kapiteln bis zu den Erklärungen der Meditationstechniken – ja sogar diese Gebrauchsanweisungen – auf optimale Ergebnisse ab.

Sie haben dieses Buch gekauft, weil Sie meditieren lernen möchten. Das ist mein Ziel für Sie. Und ich werde jeden Ihrer Schritte auf dem Weg zu diesem Ziel begleiten. Nicht als Ihr Guru, sondern als unterstützender Betreuer – und Busfahrer.

Also entspannen Sie sich und machen Sie es sich für die nächsten acht Wochen in dem Wissen bequem, dass all Ihre Bedürfnisse berücksichtigt werden und dass für Sie gesorgt ist. Glauben Sie mir, Sie werden die Fahrt genießen.

Es gibt keine schlechte Meditation
Die Definition für eine »gute« Meditation ist: eine Meditation, die Sie »gemacht« haben. Die Definition für eine »schlechte« Meditation ist: eine Meditation, die Sie »ausgelassen« haben. Wenn Sie also sichergehen wollen, dass Sie jedes Mal, wenn Sie meditieren, eine gute Meditation haben, müssen Sie demnach nur eines tun, nicht wahr? Genau! Einfach meditieren.

Denken Sie auch daran: *Beim Meditieren kann man gar nicht scheitern!* Es gibt keine falsche Art zu meditieren. Allein die Tatsache, dass Sie sich hinsetzen und meditieren, bedeutet schon, dass Sie »richtig« meditieren.

Es ist so einfach.

Zulassen ... zulassen ... zulassen

Genau wie im Immobiliengeschäft die erste Regel »Lage ... Lage ... Lage« heißt, heißt die erste Regel beim Meditieren »zulassen ... zulassen ... zulassen«. Das passt zu unserer Definition der 8-Minuten-Meditation: Meditieren heißt zulassen, was ist.

Wenn Sie meditieren, erlauben Sie absolut allem, was auftaucht, aufzutauchen – und schließen nichts aus. Damit haben Sie einen enorm weiten und unverstellten Blick in die riesige Zirkusarena Ihres denkenden Geistes.

Hier ein Beispiel dafür, wie wild es dort zugehen kann. In einer meiner letzten 8-Minuten-Meditationssitzungen verspeiste ich ein üppiges Abendessen mit Hummer, das ich 1984 in Maine genossen hatte, in Gedanken noch einmal, hörte die Titelmelodie des Films »Das Apartment« und erinnerte mich an mein erstes Fahrrad (Marke Rudge). Gibt es irgendeinen Zusammenhang zwischen diesen Gedanken? Wenn Sie einen sehen, lassen Sie es mich wissen.

Sobald Sie sich zum Meditieren hinsetzen, wird sich Ihr inneres Geplapper Bahn brechen. Manche Gedanken werden angenehm, lustig und glückselig sein. Andere sind vielleicht schrecklich, deprimierend und beängstigend. Natürlich werden Sie bei den schönen bleiben und die schlechten wegdrängen wollen.

Tun Sie das nicht.

Erinnern Sie sich an das, was ich gesagt habe: Meditation ist kein Filterprozess, sondern *genau das Gegenteil*. Es spielt keine Rolle, warum Sie sich gerade an den Namen Ihrer Lehrerin aus der zweiten Klasse erinnert oder sich gefragt haben, warum eine Flasche Salatdressing mit fünf Sicherheitsverschlüssen versehen sein muss, oder wie die

Welt wohl aussähe, wenn Einstein beschlossen hätte, weiterhin ein kleiner Beamter im Patentamt zu bleiben, statt seine Theorien zu veröffentlichen.

Wenn Sie meditieren, meditieren Sie einfach. Und erlauben jedem Gedanken, jedem Bild und jeder Körperempfindung, seinen oder ihren »Tanz zu tanzen«. Sie sitzen es einfach aus.

Erinnern Sie sich bitte auch daran, dass die Meditation diese wilden Vorführungen Ihres Geistes nicht auslöst. In Wahrheit ist der umherschweifende Geist immer da. Der einzige Unterschied besteht darin, dass Sie ihn zum ersten Mal in Ihrem Leben bemerken und dass Sie auf eine ganz neue, bessere Weise mit ihm umgehen.

Fangen und freilassen

Fangen und freilassen geht Hand in Hand mit »zulassen ... zulassen ... zulassen«.

In der Welt der Angler bedeutet »fangen und freilassen«, dass man einen Fisch, den man gefangen hat, wieder vom Haken nimmt und ins Wasser zurückwirft. Ich möchte, dass Sie genau das mit jedem Gedanken, jedem Bild und jeder Körperempfindung tun, die Sie während der Meditation »an den Angelhaken« bekommen. Ihr privater Bewusstseinsstrom schwappt über von Gedanken, Ereignissen und Gefühlen, die sich im Laufe Ihres Lebens angesammelt haben. Das bedeutet, dass Sie in jeder Meditationssitzung die Gedanken, Bilder oder Körperempfindungen angeln müssen, in die Sie sich verstrickt fühlen.

Ein Beispiel: Nehmen wir an, Sie meditieren und aus dem Nichts taucht ein Bild vor Ihnen auf: der Verrückte in dem riesigen Auto, der Sie gestern Abend auf der

Autobahn geschnitten hat. Plötzlich stellen Sie sich vor, wie gern Sie es dem Fahrer heimzahlen würden. Dabei denken Sie sich Strafen aus, die einen Marquis de Sade schaudern lassen würden! Sie werden immer röter und fiebriger. Sie schäumen vor Wut und Selbstgerechtigkeit!

Was geht hier vor?

Sie haben, um es mit den Worten eines Anglers zu sagen, einen Gedanken »am Haken«, der eine Kaskade anderer Gedanken, Bilder und Körperempfindungen ausgelöst hat. Im Bruchteil einer Sekunde hat Ihr Geist ein Drama heraufbeschworen, das jeden Aspekt Ihres Seins durchdringt.

Nun spielen wir diese ganze Szene noch einmal durch, doch diesmal wenden wir die Methode des Fangens und Freilassens an. Dasselbe Bild des Verrückten in dem Auto. Dieselben wütenden Gedanken. Aber nun merken Sie, was vor sich geht, und sagen sich: *Oh, ich habe einen Gedanken am Haken. Den lasse ich jetzt einfach wieder frei.* Und das tun Sie dann auch, statt ihn einzuholen, in Ihren Anglerkorb zu werfen, mit nach Hause zu nehmen, zu entschuppen, zu filettieren, zu braten und zu essen.

Sehen Sie, wie viel leichter – und wie wunderbar – das ist? Der einfache Akt des Loslassens eines Gedankens ist Ihre Eintrittskarte in die Freiheit – *die Freiheit, sich nicht zu verwickeln.* Wenn Sie das immer wieder tun, erreichen Sie eine tiefere Ebene der Bewusstheit, der Klarheit und des Friedens bei allem, was Sie tun.

Angler erzählen Geschichten von dem »einen Fisch, der entwischt ist«. Für uns als Meditierende ist das nichts, was wir bedauern, sondern eher etwas, das wir beklatschen.

Nur nicht mystisch werden

Das Wort *Erleuchtung* ist bis zum Überdruss verwendet worden, und zwar in Zusammenhang mit allem Möglichen vom Buddhismus bis zu Softdrinks. Die 8-Minuten-Meditation ist nicht an Theorien und Diskussionen über Erleuchtung interessiert, sondern hält sich an das alte Sprichwort: »Jene, die reden, wissen nicht. Jene, die wissen, reden nicht.«

Meditation hat nichts mit der Jagd nach besonderen Bewusstseinszuständen zu tun, die man als »Erleuchtung«, »Selbstverwirklichung« oder »Nirvana« kennt. Wenn Sie meditieren, meditieren Sie einfach, und zwar ohne sich eine Vorstellung oder einen Plan davon zu machen, was auftauchen wird.

Bleiben Sie offen für das, was hochkommt, und schauen Sie, was passiert. Sie müssen nichts benennen.

»Viel Spaß damit!«

Wie Sie diesen Spruch hassen!? Allerdings hat das noch keinen Lehrer auf der Welt daran gehindert, ihn von sich zu geben, ob er Ihnen nun Stepptanz beibringt oder Bergsteigen oder das Operieren am offenen Herzen.

Denn es ist etwas Wahres an diesem Spruch: Wir geben uns normalerweise so viel Mühe, neue Fertigkeiten zu meistern, dass wir ganz vergessen, auch Spaß dabei zu haben. Und ich möchte, dass Sie Spaß am Meditieren haben.

Beim Meditieren geht es darum, alles, was kommt, *sanft zuzulassen*, und es dann sanft wieder ziehen zu lassen. Alles ist willkommen. Nichts wird ausgeschlossen. Und, wie ich schon sagte, Sie können nichts falsch machen.

Atmen Sie also tief durch und entspannen Sie sich. Sie müssen nichts tun, nur sein. Und das können Sie, denn Sie haben viel Übung darin – Ihr ganzes Leben.

Also, viel Spaß damit!

Der Atem als Heimathafen

Wann immer Sie merken, dass Sie von irgendeiner Meditationstechnik abschweifen, kehren Sie am besten zum natürlichen Rhythmus Ihres Atems zurück. Das geht ganz einfach:

- Sie merken, dass Sie von Ihrer Meditationstechnik abgeschweift sind.
- Machen Sie die Stelle in Ihrem Körper ausfindig, an der Ihr Atem am deutlichsten zu spüren ist.
- Gehen Sie mit Ihrer Aufmerksamkeit dorthin.
- Atmen Sie tief ein und lassen Sie die Luft ganz ausströmen.
- Zulassen ... zulassen ... zulassen.

Der Atem als Heimathafen ist ein großartiges Hilfsmittel, das Sie in den acht Minuten Ihres Meditationsprogramms jederzeit einsetzen können – wie übrigens auch in den anderen 712 Minuten eines Tages. Versuchen Sie es, wenn Sie das nächste Mal Stoßstange an Stoßstange im Stau stecken oder kurz vor einer wichtigen Marketingpräsentation stehen.

In Kontakt mit dem Atem sein ist in der Tat eine so wunderbare Technik, dass ich sie zum Thema von Woche eins Ihres 8-Wochen-Programms gemacht habe.

VORBEREITUNG FÜR DIE MEDITATION

Die Vorbereitungen für die 8-Minuten-Meditation sind schnell und einfach zu treffen. Hier ist alles, was Sie brauchen, um eine angenehme Atmosphäre zu schaffen:

- Tragen Sie locker sitzende, bequeme Kleidung, die Sie beim Atmen nicht einschränkt und in der Ihnen weder zu warm noch zu kalt ist. Eine besondere Robe oder Meditationskleidung ist nicht erforderlich.
- Suchen Sie sich ein ruhiges Zimmer, in dem Sie allein sein können, am besten mit einer verschließbaren Tür. Regeln Sie die Temperatur so, wie es Ihnen angenehm ist. Eher kühl ist besser als zu warm.
- Reduzieren Sie äußere Ablenkungen so gut es geht. Machen Sie sich jedoch keine Gedanken darüber, wie Sie jedes Geräusch ausschalten könnten. Das ist unmöglich. Denken Sie daran: Wenn Sie ganz früh am Morgen oder abends vor dem Schlafengehen meditieren, hören Sie wahrscheinlich nur wenige Geräusche von außen.
- Schließen Sie auch Ablenkungen aus dem Innern Ihrer Wohnung möglichst aus. Stöpseln Sie das Telefon aus und schalten Sie Radio und Fernseher ab. Wenn Sie Kinder haben, hängen Sie ein Schild mit der Aufschrift »Mama meditiert. In acht Minuten zurück« an die Tür.
- Setzen Sie sich auf einen bequemen Stuhl mit gerader Lehne. Sie brauchen kein besonderes Kissen und auch keine Matte. Der folgende Abschnitt mit Fragen und Antworten behandelt auch das Thema Meditationshaltung.

- Lesen Sie die Meditationsanweisungen für die jeweilige Woche.
- Stellen Sie Ihren Zeitmesser auf acht Minuten. Wie ich schon sagte, nehmen Sie am besten einen Küchentimer.
- Meditieren Sie acht Minuten lang, bis der Timer klingelt.

FRAGEN UND ANTWORTEN: VORBEREITEN UND ANFANGEN

Zu jeder Woche des 8-Minuten-Meditationsprogramms gibt es ein Unterkapitel mit Fragen und Antworten. Hier geht es nicht darum, Sie zu prüfen oder festzustellen, wie weit Sie schon sind. Vielmehr sollen Ihnen diese Fragen und Antworten helfen, die Hürden zu überwinden, die unweigerlich auf dem Weg eines jeden Meditierenden auftauchen, vom Anfänger bis zum Meister.

Scheuen Sie sich nicht, diese Fragen und Antworten immer wieder zu lesen. Das ist kein Zeichen dafür, dass die Meditation eine »zu große Herausforderung« für Sie darstellt. Im Gegenteil, es zeigt, dass Sie einfach klug sind. Werfen wir einen Blick auf die ersten Fragen.

Vergiss es! Ich finde keine acht Minuten zum Meditieren – überall und immer!
Dann frage ich Sie:

- Sind Sie bereit, acht Minuten am Tag zu investieren, um Ihr Leben zum Besseren zu verändern?

- Möchten Sie acht Minuten am Tag in einem ruhigen und friedvollen Zustand verbringen?
- Würden Sie gern entdecken, wie man im Leben glücklicher werden kann, ohne dass man etwas erwerben oder jemanden erobern muss?

Wenn Sie eine dieser Fragen mit ja beantwortet haben, können Sie definitiv acht Minuten am Tag zum Meditieren erübrigen.

Wir sprechen hier nicht von viel Zeit. Es geht lediglich darum, morgens acht Minuten früher aufzustehen oder abends acht Minuten später zu Bett zu gehen. Etwas weniger *Guten Morgen Radio* oder *Whoever's Late Night Show* im Fernsehen. Und dafür bekommen Sie etwas, das Ihr ganzes Leben verändern kann.

Ist es das wert? Das wissen Sie. Können Sie es tun? Na klar!

Welches ist die beste Tageszeit zum Meditieren?
Nach dem Aufstehen oder unmittelbar vor dem Schlafengehen.

Wie ich schon erwähnt habe, meditiert man am besten, wenn die Ablenkungen auf ein Minimum reduziert sind. Für die meisten Meditierenden ist es am besten, wenn sie gleich morgens als erstes meditieren. Das ist die Zeit, wenn die Kinder noch schlafen, der Fernseher noch nicht an ist und das Telefon noch nicht klingelt. Eine andere sehr gute Zeit zum Meditieren ist spät am Abend, kurz vor dem Schlafengehen. Was am Tag zu tun war, ist getan, die Kinder liegen im Bett, alle Hausbewohner und die Nachbarn bereiten sich auf die Nacht vor – wenn Sie nicht gerade in Brooklyn wohnen.

Wenn Ihnen aus irgendeinem Grund eine andere Tageszeit besser passt, ist das auch in Ordnung. Aber denken Sie daran: *Regelmäßigkeit ist das A & O einer starken Meditationspraxis*. Welche Tageszeit Sie sich also zum Meditieren ausgesucht haben, *bleiben Sie dabei und meditieren Sie jeden Tag um diese Zeit.*

Treffen Sie eine feste Verabredung mit der Meditation. Halten Sie diese Verabredung ein und Sie werden nie enttäuscht werden.

Kann ich auch im Büro meditieren? Oder in der Wohnung eines Freundes? So nach dem Motto: Man nimmt, was man kriegen kann?

»Man nimmt, was man kriegen kann« hat noch nie dazu geführt, dass man wirklich etwas bekommt.

Indem Sie sagen »Ich meditiere, wenn ich Gelegenheit dazu bekomme« oder »wenn ich Lust darauf habe«, betrügen Sie die Meditation – und sich selbst. Hier geht es darum, eine tägliche Meditationsgewohnheit zu etablieren, so etwas wie Zähneputzen. Das machen Sie ja auch zu einer bestimmten Zeit und an einem bestimmten Ort – nämlich morgens im Badezimmer am Waschbecken.

Wenn Sie am Montagmorgen im Taxi auf dem Weg zum Flughafen meditieren, am Dienstag in der Mittagspause und am Mittwochabend zu Hause, sind Sie eben nicht *jeden Tag um dieselbe Zeit* mit Ihrer Meditation verabredet. Das ist dann so, als würden Sie Ihre Zähne im Taxi putzen – etwas, das ich kaum jemals gesehen, geschweige denn getan habe.

Wenn Sie allerdings jeden Morgen meditieren und einmal für ein paar Tage auf Reisen sind, dann sollten Sie

Ihre Morgenmeditation nicht ausfallen lassen, sondern wenn möglich im Hotel meditieren oder sogar im Flugzeug.

Was ist mit der Meditationshaltung? Muss man da nicht mit gekreuzten Beinen auf irgendeinem komischen Kissen sitzen?

Es kommt nicht auf die Haltung an, in der Sie sitzen, sondern darauf, wie Sie in dieser Haltung sitzen.

Wir alle kennen diese Bilder von Zen-Mönchen in Roben, die ganz still mit in Lotosposition gekreuzten Beinen auf einem niedrigen runden Kissen (Zafu genannt) sitzen, also in der traditionellen Meditationshaltung, die in Zen-Klöstern üblich ist. Das mag zwar friedvoll aussehen, aber in Wirklichkeit ist das Sitzen – und vor allem das lange Sitzen – in dieser Haltung ausgesprochen unbequem, wenn nicht sogar schmerzhaft. Fragen Sie einen Zen-Mönch!

Die 8-Minuten-Meditation befürwortet weder körperliche Unbequemlichkeit noch Schmerz. Wenn Sie meditieren, sitzen Sie auf einem Stuhl mit gerader Lehne. Das sieht vielleicht nicht besonders »cool« aus, aber es erfüllt seinen Zweck perfekt. Warum ist die Sitzhaltung so wichtig? Eine korrekte Sitzhaltung bereitet sozusagen die Bühne für die Meditation, indem sie Ihnen erlaubt, wach und entspannt zugleich zu sein.

Wie können Sie wach und entspannt zugleich sein? Das ist einfach. Folgen Sie dieser Anweisung in acht Schritten:

1. Stellen Sie einen Stuhl mit gerader Lehne an einen ruhigen Platz mit guter Belüftung, wo Sie möglichst nicht gestört werden.

2. Lassen Sie sich langsam auf den Stuhl sinken. Rutschen Sie auf dem Sitz nach vorn, bis sich Ihre Sitzknochen fünf bis zehn Zentimeter vom Rand der Sitzfläche entfernt befinden. (Achtung: Wenn Sie nicht acht Minuten lang aufrecht sitzen können, dürfen Sie sich auch anlehnen.)
3. Stellen Sie Ihre Fußsohlen auf den Boden und nehmen Sie die Verbindung zum Boden wahr. Wenn Sie mit den Füßen nicht bis ganz auf den Boden kommen, legen Sie ein Kissen oder eine Decke darunter.
4. Lassen Sie die Hände sanft auf Ihren Schoß sinken. Sie können sie zu lockeren Fäusten schließen oder flach auf die Oberschenkel legen.
5. Achten Sie darauf, dass Ihr Kopf gerade ist. Schauen Sie geradeaus. Halten Sie Ihre Wirbelsäule aufrecht, aber nicht als hätten Sie einen Stock verschluckt. Stellen Sie sich vor, eine Schnur sei mit dem einen Ende an der Decke und mit dem anderen am Scheitel Ihres Kopfes befestigt und Sie würden von dieser Schnur aufrecht gehalten.
6. Lassen Sie Ihren Unterkiefer los. Wenn es sich anfühlt, als stünde er ein wenig vor, regulieren Sie das, indem Sie ihr Kinn sanft zurücknehmen. Wenn Sie den Eindruck haben, Ihr Unterkiefer sei ein wenig nach hinten verschoben, lassen Sie Ihr Kinn ganz sanft los.
7. Atmen Sie tief und entspannt ein. Lassen Sie den Atem langsam wieder ausströmen. Schließen Sie sanft die Augen.
8. Beginnen Sie zu meditieren.

Die Meditationslehrerin Sharon Salzberg erzählt von der Zeit, zu der sie und ihr Kollege Joseph Goldstein einen

Platz für das suchten, was später die *Insight Meditation Society* werden sollte, eines der bedeutendsten Meditationszentren in Amerika.

Die beiden Lehrer hielten sich in der Kleinstadt Barre, Massachusetts, auf und schauten sich dort ein ehemaliges Kloster an, das zum Verkauf stand. Der Platz hatte ein großes Potenzial, aber es war auch eine Menge Arbeit erforderlich, um das Kloster wieder in Stand zu setzen. Als Joseph und Sharon in die Stadt fuhren, um sich beim Mittagessen zu beraten, kamen sie an einem Auto der städtischen Polizeidienststelle vorbei. Sharons Blick fiel auf die Tür des Polizeiautos und unter dem Wappen der Stadt Barre las sie das Motto: *Tranquil and Alert* (»Ruhig und wachsam«). In diesem Moment, sagt Sharon, wusste sie, dass sie den perfekten Ort für ein Meditationszentrum gefunden hatten.

Denken Sie das nächste Mal und jedes Mal, wenn Sie Ihre Meditationshaltung einnehmen, an das Motto von Barre: Ruhig und wachsam. Es ist die beste Haltungs- und Meditationsanweisung, die ich kenne.

Muss ich mit leerem Magen meditieren?

Nein, aber heben Sie sich die Pizza Peperoni für später auf.

Es gibt keine eisernen Regeln, wie lange man nach einem Essen warten muss, bevor man mit dem Meditieren beginnen kann. Gebrauchen Sie einfach Ihren gesunden Menschenverstand. Wir alle wissen, dass uns ein reichhaltiges Essen schläfrig macht. Warum also sollten wir danach meditieren? Sie tun besser daran, ein Nickerchen oder einen flotten Spaziergang zu machen. Geben Sie Ihrem Essen Zeit zum Verdauen. Und dann, wenn Sie sich wacher fühlen, setzen Sie sich hin und meditieren.

Wenn eine Technik nicht funktioniert. Kann ich sie dann auslassen und es mit der nächsten versuchen?

Das ist keine gute Idee.

Erinnern Sie sich an die Gebrauchsanweisung »Überlassen Sie das Fahren uns«? Bitte halten Sie sich daran. Bleiben Sie eine ganze Woche lang bei der Technik der jeweiligen Woche – auch wenn sie Ihnen nicht gefällt – und gehen Sie erst dann zur nächsten über. Jede Woche ist so konzipiert, dass sie zur nächsten überleitet und Sie allmählich immer tiefer in die Meditationspraxis führt.

Die 8-Minuten-Meditation ist so etwas wie eine Probierpackung für Meditationstechniken. Jede Woche probieren Sie eine andere. Nach den acht Wochen entscheiden Sie sich für Ihre persönliche Lieblingstechnik – und bleiben dabei. Sie werden sehen, was ich meine, wenn Sie bei Teil drei dieses Buches angekommen sind.

Und wenn Sie meinen, eine Meditationstechnik »funktioniere nicht«, machen Sie sich keine Gedanken. Sie glauben vielleicht nicht, dass sie funktioniert, aber sie tut es. Es ist nicht nötig zuzulassen, dass sich der umherschweifende Geist in Spekulationen, Urteilen oder Zweifeln ergeht.

Halten Sie sich also in den nächsten acht Wochen exakt an dieses Programm. Das heißt: Kein Überspringen, bevor diese Zeit abgelaufen ist.

Wie weiß ich, dass ich Fortschritte mache?

Das ist eine legitime Frage. Immerhin leben wir in einer ergebnisorientierten Gesellschaft und wenn wir Zeit und Mühe in etwas investieren, möchten wir auch Fortschritte sehen. Unsere Fortschritte beim Meditieren messen wir auf ähnliche Weise, wie wir es tun würden, wenn wir mit dem Gewichtheben begonnen hätten.

Wenn es Ihr Ziel wäre, Ihren Bizeps zu entwickeln, würden Sie sich dann nach Ihrer ersten Trainingsstunde vor den Spiegel stellen, die Arme anwinkeln und erwarten, dass Ihnen Popeye entgegenschaut? Natürlich nicht. Weil Sie wissen, dass das Aufbauen eines Muskels ein allmählicher Prozess ist, der Geduld erfordert und einen gewissen Realismus, wenn es um das Erkennen von Fortschritten geht.

Sie trainieren also weiterhin täglich. In den ersten paar Wochen geschieht – nichts. Aber dann, eines Tages, beenden Sie Ihre Trainingsstunde, schauen in den Spiegel und – wow – Ihr Bizeps wölbt sich an beiden Oberarmen heraus wie ein Gummiball! Aha – Fortschritte gemacht!

Um Fortschritte beim Meditieren zu machen brauchen Sie genauso viel Geduld, Hingabe und tägliches Training. Doch statt Körpermuskeln bauen Sie hier etwas auf, was ich als »Bewusstseinsmuskeln« bezeichne. Und wie beim Aufbau physischer Muskeln, merken Sie es vielleicht nicht auf Anhieb. Aber eines Tages setzen Sie sich zum Meditieren hin und stellen fest, dass sich etwas verändert hat. Ihre Konzentrationsfähigkeit ist stärker und beständiger und die Gedanken gleiten an Ihnen ab wie Wasser am Gefieder einer Ente. Das ist vielleicht schwer zu beschreiben, aber eines ist deutlich: *Sie haben beim Meditieren ganz klare Fortschritte gemacht.*

Meditierende stellen auch fest, dass sich die Bewusstseinsmuskeln bei ihren alltäglichen Aktivitäten bemerkbar machen. Stellen Sie sich zum Beispiel vor, dass Sie mal wieder in der längsten Schlange an der Kasse des Supermarkts stehen, der Ihren Blutdruck ohnehin immer in die Höhe treibt. Doch aus irgendeinem Grund sind Sie heute ruhig, zufrieden und entspannt und beobachten Ihren Atem.

Oder vielleicht warten Sie vor dem Kino und die Person, mit der Sie hier verabredet sind, hat sich verspätet. Statt Ihre Wut hinunterzuschlucken, wie Sie es sonst immer tun, stehen Sie jetzt nur bequem da und lassen Ihre wütenden Gedanken und Gefühle einfach hochkommen und weiterziehen wie Wolken am Himmel. Wenn der Mensch, mit dem Sie hier verabredet sind, dann endlich auftaucht, fühlen Sie sich sogar noch besser, als wenn er pünktlich gekommen wäre!

Erinnern Sie sich: Fortschritte in der Meditation machen sich auf subtile Weise und ganz allmählich bemerkbar. Ein Tipp: Denken Sie gar nicht daran. Wenn sie sich bemerkbar machen, sind Sie der erste, der es erfährt – und der sehr angenehm überrascht sein wird!

Endlich! Wir sind mit der Einleitung durch. Jetzt gibt es nur noch eines, was Sie tun müssen, bevor Sie mit Ihrem 8-Minuten-Programm beginnen: ein Versprechen geben.

DAS OFFIZIELLE
8-MINUTEN-MEDITATIONSVERSPRECHEN

(Datum) _____

Hiermit verspreche ich mir selbst, dass ich in den nächsten acht Wochen genau acht Minuten am Tag meditieren werde, auch wenn ich auf Reisen oder im Urlaub bin und auch, wenn ich Millionen familiäre Pflichten oder andere »gute« Ausreden habe, es nicht zu tun.

(Rücktrittsklausel: Wenn es an einem Tag, aus irgendeinem Grund, wirklich mal so chaotisch zugeht, dass ich beim besten Willen nicht die Zeit zum Meditieren finde, werde ich mein Meditationsprogramm am nächsten Tag unverzüglich fortsetzen. Achtung: Diese Rücktrittsklausel ist auf maximal zwei Tage anwendbar!)

_____
(Unterschrift)

Herzlichen Glückwunsch! Sie haben unterschrieben und können anfangen. Blättern Sie weiter. Es ist Zeit für Woche eins Ihres 8-Minuten-Meditationsprogramms. Zeit, Ihren Geist zur Ruhe zu bringen – und Ihr Leben zu verändern.

TEIL ZWEI

Das 8-Wochen-Meditationsprogramm

FERTIGMACHEN ZUM MEDITIEREN!

Jetzt ist es Zeit, sich mit dem wahren Grund zu beschäftigen, aus dem Sie hier sind. Zeit, die Landkarte wegzulegen und das Territorium der Meditation zu entdecken.

Sie haben Teil eins erfolgreich hinter sich gebracht. (Sie haben die Gebrauchsanweisungen zur Meditation gelesen.) Sie wissen, wie man zum Meditieren richtig auf einem Stuhl sitzt. Sie wissen, wie man eine ruhige Meditationsumgebung schafft. Das ist schon eine Menge!

Teil zwei dieses Buches ist das Herz des 8-Minuten-Meditationsprogramms. Er enthält die Pläne für Ihre tägliche 8-Minuten-Meditation, die Ihnen nun acht Wochen lang als Richtschnur dienen werden. Sie sollen das Meditieren zu einem einfachen, leichten und angenehmen Teil Ihres täglichen Lebens machen.

Teil zwei besteht aus acht Kapiteln, eines für jede Woche des Programms. Jedes Kapitel besteht wiederum aus fünf Unterkapiteln:

- **Wo Sie stehen.** Das ist sozusagen Ihre Check-in-Situation. Hier wird kurz diskutiert, was an diesem Punkt des 8-Minuten-Meditationsprogramms für Sie anstehen könnte.
- **Was auf Sie zukommt.** Dieser Abschnitt macht Sie mit der Meditationstechnik der jeweiligen Woche bekannt.
- **Die Meditationsanweisungen für diese Woche** führen Sie klar, einfach und Schritt für Schritt durch die Meditationen der jeweiligen Woche.
- **Wie klappt es?** In diesem Abschnitt wird angesprochen, was in Zusammenhang mit der Meditations-

technik der jeweiligen Woche bei Ihnen ausgelöst werden könnte.
- **Fragen und Antworten.** Wie Sie schon wissen beschäftigt sich dieser Abschnitt mit Fragen, die von Meditierenden häufig gestellt werden.

Sie sehen also, ich sage nicht einfach »ciao« und lasse Sie allein. Nein, ich bin die ganze Zeit bei Ihnen und begleite jeden Ihrer Schritte auf dem Weg. Doch wer weiß, vielleicht wollen Sie mich sogar irgendwann loswerden! Das ist auch in Ordnung – solange Sie nicht die Lust am Meditieren verlieren!

Fangen wir also an.

Woche eins
Nur ein Atemzug

WO SIE STEHEN

Zu Beginn des 8-Minuten-Meditationsprogramms heiße ich Sie willkommen.

Wenn man mit etwas Neuem anfängt, ergeben sich normalerweise Fragen, Zweifel und Hoffnungen. Vielleicht haben Sie die Hoffnung, dass Sie, wenn Sie sich zum Meditieren hinsetzen, plötzlich »erleuchtet« werden, was immer das für Sie bedeuten mag. Auf der anderen Seite haben Sie vielleicht schon entschieden, dass das Meditieren nur eine dieser vergeblichen Bemühungen ist, so etwas wie die Diät, die Sie in den vergangenen Monaten ausprobiert haben und die nicht funktioniert hat.

All das ist ganz normal und etwas, womit man rechnen sollte. Aber jetzt kommt die beste Art, sowohl mit positiven als auch mit negativen Erwartungen umzugehen: Man lässt sie einfach komplett los. Stattdessen beschließen Sie, sich diesem Meditationsprogramm einfach Minute für Minute anzunähern.

Heute ist der erste Tag. Nächste Woche um diese Zeit werden Sie schon sieben Mal meditiert haben – also insgesamt fast eine Stunde lang. Fragen Sie sich also: *Kann ich eine Stunde meines Lebens opfern um zu sehen, ob ich mein Leben verändern kann?*

Klar können Sie das.

WAS AUF SIE ZUKOMMT: DEN ATEM BEOBACHTEN

Das 8-Minuten-Meditationsprogramm beginnt mit der einfachen aber sehr wirksamen Technik der Atembeobachtung.

Als ich das zum ersten Mal hörte, dachte ich, Meditation sei ja wohl super einfach, ein echtes Kinderspiel. Also sagte ich meinem Lehrer, dass ich gern etwas Schwierigeres hätte, mehr was für Machos. Der Meister lächelte wissend, klopfte mir auf die Schulter und sagte, ich solle zunächst drei Atemzüge lang nichts anderes tun, als meinen Atem beobachten. Ich saß still, schloss die Augen und fing an.

Am Ende des ersten Atemzuges hatte ich schon ein ganzes Menü für ein Abendessen zusammengestellt, das in vier Monaten stattfinden sollte. Am Ende des zweiten dachte ich gerade darüber nach, wie ich meine Honda wohl durch die kalifornische Abgaskontrolle bekommen könnte. Und am Ende des dritten Atemzuges – nun, Sie verstehen.

Den eigenen Atem beobachten, das mag sich sehr einfach anhören, nach einem Spiel für Kinder. Aber dank unseres ständig umherschweifenden Geistes sind wir überall, nur nicht hier. Mein Freund Josh Baran nennt das »im Anderswo und im Wannanders« leben.

Aber wer vorgewarnt ist, kann sich rüsten. Wenn Sie meditieren und plötzlich feststellen, dass Sie den Teig für eine Ladung Kekse zusammenmischen oder überlegen, ob Sie heute Abend chinesisch oder italienisch essen gehen, nehmen Sie einfach zur Kenntnis, dass Sie abgeschweift sind. Und dann kehren Sie einfach sanft zur Wahrnehmung Ihres Atems zurück, ohne sich selbst als »schlechten« Meditierenden zu verurteilen.

Darum geht es bei der Atemmeditation: den Atem beobachten, abschweifen, merken, dass man abgeschweift ist, und dann sanft zur Wahrnehmung des Atems zurückkehren. Immer und immer wieder. Wie ich schon sagte: Meditieren heißt Üben.

Und keine Angst, die Meditationsanleitungen, die ich Ihnen geben werde, sind viel ausführlicher, als jene, die der Zen-Meister mir gegeben hat.

Also los.

DIE MEDITATIONSANWEISUNGEN FÜR DIESE WOCHE: ATMEN

Vorbereitung

- Stellen Sie Ihren Timer auf acht Minuten.
- Nehmen Sie Ihre Meditationshaltung auf dem Stuhl ein – bequem und gleichzeitig wachsam.
- Schließen Sie sanft die Augen.
- Nehmen Sie einen tiefen Atemzug, der Ihre momentanen Sorgen, Hoffnungen und Träume »zusammenfegt«. Halten Sie die Luft einen Augenblick. Und »seufzen« Sie sie dann langsam wieder aus.
- Noch einmal. Tief einatmen. Halten. Jede noch vorhandene Spannung loslassen.
- Starten Sie Ihren Timer.

Anleitung

- Stellen Sie fest, ob Sie Ihren Atem kontrollieren. Wenn ja, geben Sie die Kontrolle auf. Entspannen Sie sich.
- An welcher Stelle Ihres Körpers spüren Sie Ihren Atem am deutlichsten? Das kann Ihr Brustkorb sein, Ihr Zwerchfell oder es sind Ihre Nasenflügel. Es gibt keine »richtige« Stelle.
- Lenken Sie Ihre Aufmerksamkeit sanft an diese Stelle. Wir nennen sie »Ankerpunkt«.
- Bleiben Sie mit Ihrer Aufmerksamkeit an diesem Ankerpunkt und beobachten Sie von dort aus das natürliche Kommen und Gehen des Atems. Versuchen Sie ihn nicht als »Ihren Atem« zu betrachten, sondern als »*den* Atem«.
- Zulassen... zulassen... zulassen. Sie müssen sich in nichts verwickeln lassen und nichts erklären.
- Denken? Kein Problem. Nehmen Sie es einfach zur Kenntnis. Kehren Sie sanft zu Ihrem Ankerpunkt zurück, zu Ihrem Atem.
- Versuchen Sie, einem einzigen Atemzug zu folgen, ohne dabei ins Stocken zu kommen. Wenn es gelingt, folgen Sie dem nächsten. Wenn nicht, auch gut. Fangen Sie einfach wieder von vorn an.
- Enttäuschung? Verwirrung? Nehmen Sie diese Gefühle einfach zur Kenntnis. Und kehren Sie zu Ihrem Ankerpunkt zurück.
- Machen Sie so weiter. Beobachten Sie einfach den natürlichen Zyklus Ihres Atems und Ihren Ankerpunkt.

- Können Sie einem einzigen Atemzug folgen?
- Tun Sie das, bis Ihr Timer klingelt.
- Üben Sie diese Technik eine Woche lang jeweils acht Minuten am Tag.

WIE KLAPPT ES?

Fast alle Meditierenden kommen sich am Anfang ein wenig unbeholfen vor. Es würde mich in der Tat wundern, wenn es bei Ihnen nicht so wäre. Das kann Sie veranlassen zu denken, dass Sie vielleicht nicht für das Meditieren geeignet sind. Aber das ist absolut nicht wahr.

Bedenken Sie: In den acht Minuten, die Sie gerade in Meditation verbracht haben, waren Sie zum ersten Mal in Ihrem Leben ruhig, still und wach – gleichzeitig! Und selbst wenn Sie das nur zwei Sekunden lang waren, ist es für Sie eine radikal neue Art, die Welt zu erleben. Kein Wunder also, dass Sie sich ein wenig seltsam fühlen.

Meditieren lernen ist wie das Erlernen jeder anderen neuen Fertigkeit. Zunächst sind Sie vermutlich geistig und körperlich aus dem Gleichgewicht. Vielleicht fühlen Sie sich dumm, ungelenk und sogar wütend – wie ein richtiger Trottel eben. Aber Sie halten durch, weil Sie durchhalten wollen.

Im Moment fühlen Sie sich vielleicht sonderbar und unbeholfen. Aber lassen Sie sich davon nicht in die Irre führen. Meditieren Sie weiterhin acht Minuten am Tag. Und eines Tages, wenn Sie sich zum Üben hinsetzen, werden Sie das haben, was ich ein »Aha-Erlebnis« nenne.

Wenn das geschieht, wird sich das Meditieren nicht mehr seltsam anfühlen. Und Sie werden froh sein, dass Sie durchgehalten haben.

FRAGEN UND ANTWORTEN: AM ANFANG

Alles, was ich getan habe, war denken!
Ich konnte nicht aufhören.
Natürlich konnten Sie nicht aufhören. Aber keine Angst, Sie machen nichts falsch.

Ein weit verbreiteter Irrglaube ist, dass alle Gedanken zum Erliegen kommen, wenn man richtig meditiert. Nichts könnte weiter von der Wahrheit entfernt sein. In der Meditation geht es nicht darum, die Gedanken zu *unterdrücken*, sondern darum, sie zu *übertreffen*.

Tatsache ist: Es ist die Aufgabe Ihres Geistes zu denken – vierundzwanzig Stunden am Tag, an sieben Tagen in der Woche. Und er hört nicht damit auf, nur weil Sie sich acht Minuten lang hinsetzen und ihm sagen, er soll die Klappe halten. Die gute Nachricht ist jedoch: Sobald Sie nicht mehr versuchen, Ihre Gedanken anzuhalten, fangen Sie an, sie zu übertreffen. Das kann dazu führen, dass Sie erreichen, wovon Sie glaubten, man könne es nur erreichen, wenn man zu denken aufhört.

Nun könnten Sie zurückblättern und sich die Gebrauchsanweisungen »Fangen und freilassen« und »Zulassen ... zulassen ... zulassen« noch einmal durchlesen. Sie erinnern Sie daran, wie man sich dem umherschweifenden Geist annähert und mit ihm umgeht.

Versuchen Sie es auch mal mit meinem Meditationsmotto: »Immer gelassen bleiben.« Das ist ein guter Wahlspruch, den Sie in der Meditation ebenso einsetzen können wie in allen anderen Situationen im Leben, was immer auch geschieht.

Warum bin ich so unruhig, wenn ich einfach nur still dasitze?

Neben geistiger Unruhe ist eine im Körper spürbare Unruhe die Herausforderung, mit der sich Meditationsanfänger am häufigsten konfrontiert sehen. Und das ist auch ganz normal und verständlich. Beim Meditieren auf den Atem sitzen wir nämlich einfach still und tun nichts weiter, als neutral den Atem zu beobachten. Wir treten in keinen Austausch mit dem umherschweifenden Geist, dem dieser Mangel an Aufmerksamkeit gar nicht gefällt. Um unsere Aufmerksamkeit zurückzubekommen, schickt der umherschweifende Geist Signale an den Körper und drängt ihn: »Sitz hier nicht einfach so rum. Tu was!«

Ich ermutige Sie hiermit, genau das Gegenteil zu tun: *»Tun Sie nicht einfach was. Bleiben Sie sitzen!«* Und während Sie Ihre Meditationspraxis weiterentwickeln, werden sich Ihr Geist und Ihr Körper allmählich an das Stillsitzen gewöhnen. Zu Beginn mag das fast die gesamte achtminütige Meditationssitzung in Anspruch nehmen. Aber selbst wenn Sie nur sieben Sekunden lang konzentriert sind, ist das schon sehr beachtlich.

Eines Tages werden Sie feststellen, dass Ihr Geist ganz von allein und sehr schnell zur Ruhe kommt, vielleicht innerhalb von nur einer Minute Ihrer Meditationszeit oder vielleicht sogar schon, während Sie zur Vorbereitung tief atmen. Und was Ihren Körper angeht, so wird dieser irgendwann ganz von allein zur Ruhe kommen.

Ich meditiere nicht richtig, oder?

Jeder Meditationsanfänger glaubt, er oder sie meditiere nicht richtig. Das ist nicht wahr. Wie ich schon sagte: Wie immer Sie meditieren, Sie machen es auf jeden Fall richtig. Das könnte Sie veranlassen zu glauben, dem sei nicht so:

Sie setzen sich zum Meditieren hin und natürlich beginnt Ihr Geist zu wandern. Sie glauben nun, dass Sie wohl irgendetwas falsch machen, denn sonst würde das ja nicht passieren. Vielleicht haben Sie plötzlich ein unangenehmes Gefühl in einem Teil Ihres Körpers, im rechten Fuß zum Beispiel. Oder Sie merken, dass Sie auf die Toilette müssen. Jetzt streunt also Ihr Geist herum, Ihr Fuß schmerzt und Ihre Blase platzt gleich! Und Sie denken: *Meditation soll mich friedlich machen. Sie macht mich aber nicht friedlich! Da kann was nicht stimmen!*

Aber es stimmt. Und Sie müssen nur noch eines tun: Zulassen, dass exakt das auftauchen darf, was nun mal auftaucht. Nur Ihr Widerstand gegen das, »was ist«, gibt Ihnen das Gefühl, es sei nicht in Ordnung.

Wenn Sie erst einmal angefangen haben, genau das, was passiert, zuzulassen und zu akzeptieren, können Sie aufhören, mit Ihren Gedanken und Gefühlen zu kämpfen, und sich ergeben. Das ist es, worum es beim Meditieren geht: um das Zulassen dessen, was ist. Und das schließt selbst die nicht ganz so schöne Vorstellung ein, dass Sie ein Versager in Sachen Meditation sind.

Sobald Sie Ihren Gedanken, Gefühlen und Emotionen gestatten, einfach ihr Ding zu machen, geschieht etwas Magisches: Sie stellen kein Problem mehr dar! Sie werden so etwas wie niedliche, aufgeplusterte Wolken, die über einen endlosen Himmel ziehen. Und Sie selbst werden zu diesem Himmel.

Wenn Sie sich also das nächste Mal fragen, ob Sie richtig meditieren, halten Sie inne und beantworten diese Frage: *Habe ich acht Minuten lang mein Bestes gegeben, um die Meditationstechnik von heute zu beherrschen?* Machen Sie sich klar, dass es hier um das Versuchen geht und nicht darum, perfekt zu sein.

Natürlich haben Sie Ihr Bestes gegeben! Herzlichen Glückwunsch! Sie haben genau richtig meditiert. Machen Sie weiter so.

Was kann ich tun, wenn ich beim Meditieren seltsame oder beängstigende Gedanken und Gefühle habe?

Haben Sie keine Angst vor der Angst.

Gefühle wie Angst oder Orientierungslosigkeit kommen in der Meditation häufig vor, und zwar sowohl bei Anfängern als auch bei Meistern. Das gilt übrigens auch für Gefühle wie Glückseligkeit, Frieden und Liebe. Aber schauen wir uns zunächst die unbequemen Gefühle an und fragen uns, warum sie wohl hochkommen.

Die Meditationspraxis kann Ihren Körper und Ihren Geist auf eine völlig neue Weise befreien. Dabei werden Gedanken und Gefühle von tief unter der Oberfläche des Bewusstseins aufgewirbelt und steigen nach oben wie die Kohlensäureperlen im Mineralwasser. Manche dieser Gedanken und Erinnerungen sind beunruhigend und sogar beängstigend, besonders diejenigen, die wir die ganze Zeit unbewusst unter Verschluss gehalten haben.

Statt diesen Gedanken Widerstand zu leisten und sie zu unterdrücken, sollten Sie genau so mit ihnen umgehen, wie Sie mit allem umgehen, was Ihnen in der Meditation begegnet. Erlauben Sie ihnen hochzukommen, ihr Ding zu machen und dann wieder weiter zu ziehen wie Wolken am Himmel.

Blättern Sie noch einmal zurück zum Abschnitt »Fangen und freilassen« bei den Gebrauchsanweisungen. Was dort steht, wird Ihnen helfen. Denken Sie auch daran, dass Sie in der Meditation auf folgende Weise mit geistigen, emotionalen und körperlichen Zuständen umgehen können:

- Wenn es dir gefällt, lauf ihm nicht nach.
- Wenn es dir nicht gefällt, lauf nicht davor weg.

Das ist eine gute Faustregel, nicht nur für die Meditation, sondern auch für das Leben an sich.

Soll ich mich beim Meditieren mehr anstrengen?

Alan Watts, bekannter Autor vieler Meditationsbücher, schrieb, es sei unmöglich zu meditieren. Damit meinte er: Man kann nicht gleichzeitig meditieren und versuchen zu meditieren. Mit anderen Worten: Meditation ist etwas, dem Sie erlauben, dass es von sich aus geschieht.

Erinnern Sie sich, wie es war, als Sie schwimmen gelernt haben? Am Anfang haben Sie mächtig gekämpft, um Ihren Kopf über Wasser zu halten. Doch dann, eines Tages, passierte etwas Erstaunliches: Sie hörten auf zu kämpfen und blieben mit dem Kopf über Wasser. Und dann schwebten Sie nach oben und schwammen ohne Anstrengung.

Beim Meditieren ist es genauso. Sie strampeln im Meer Ihrer eigenen Gedanken, Körperempfindungen und Gefühle herum. Bis Ihnen einfällt, sie einfach »zuzulassen ... zuzulassen ... zuzulassen«. Und indem Sie das tun, ergeben Sie sich dem, was ist, und schwimmen ohne Anstrengung in Ruhe und Gelassenheit.

Meditation ist unglaublich langweilig. Nichts passiert!

In Wirklichkeit passiert eine Menge, wenn Sie meditieren, aber auf andere Weise, als Sie gewohnt sein mögen.

Es gibt einen großartigen *New Yorker*-Cartoon von Gahan Wilson: Ein Meditationsschüler sitzt seinem Meister gegenüber, der verärgert auf eine Frage reagiert, die der Schüler gerade gestellt hat: »Was passiert als nächstes?« Der Meister brüllt: »*Nichts* passiert als nächstes!«

Aber dieses »Nichts« ist in Wirklichkeit ein großes »Etwas«. Indem Sie Ihre Erwartungen davon, was Meditation ist und wie sie Veränderungen in Ihnen bewirken soll, loslassen – indem Sie alles loslassen und einfach nur acht Minuten lang ruhig und friedlich dasitzen, schaffen Sie eine Atmosphäre, in der sich viel bewegen kann. Und dann beginnt sich Ihr Leben zu verändern.

Lassen Sie also sämtliche Vorstellungen und Erwartungen davon, was passieren sollte, einfach los. Mit der Zeit werden Sie sehen, dass dieses »Nichts passiert als nächstes« möglicherweise das größte »Etwas« ist, das Sie je erlebt haben!

Sollten meine Augen beim Meditieren offen oder geschlossen sein?

Das ist je nach Meditationslehrer, Technik und Tradition unterschiedlich.

Die Stirnblick-Übung, eine Meditationstechnik aus dem Yoga, erfordert, dass man die Augen so weit offen hat wie möglich. In der Tradition der Vipassana- und der Einsichtsmeditation müssen Sie die Augen schließen. Zen-Praktizierende halten die Augen halb geschlossen und schauen nach unten.

Während der 8-Minuten-Meditation lassen Sie die Augen geschlossen. Und obwohl das sehr entspannend sein kann, bedeutet es nicht, dass Sie in dieser Zeit geistig »wegtreten« oder ein Nickerchen machen können. In Wirklichkeit ist genau das Gegenteil der Fall.

Kennen Sie den Titel eines Films von Stanley Kubrick: *Eyes Wide Shut*? Er kann Sie daran erinnern, dass Ihr geistiges Auge beim Meditieren weit offen und wachsam bleibt, obwohl Ihre physischen Augen geschlossen sind. Hier zwei Hinweise zum Schließen der Augen:

- Pressen Sie die Augenlider nicht krampfhaft zusammen. Erlauben Sie ihnen, sich sanft und natürlich zu schließen.
- Lassen Sie Ihren Blick unscharf werden. Entspannen Sie Ihren Fokus.

Nach der vierten Woche dieses Meditationsprogramms können Sie mit der Zen-Augenposition experimentieren:

Lassen Sie Ihre Augenlider sanft zufallen, bis die Augen nur noch zu etwa einem Drittel offen sind. Lassen Sie Ihren Blick unscharf werden und richten Sie ihn in einem Winkel von fünfundvierzig Grad vor sich auf den Boden.

Wenn das für Sie besser funktioniert als geschlossene Augen, machen Sie so weiter. Wenn nicht, lassen Sie die Augen weiterhin geschlossen.

Denken Sie in jedem Fall daran, dass geschlossene Augen beim Meditieren nicht bedeuten, dass man an Bewusstheit verliert, sondern vielmehr gewinnt.

Sie machen das prima! Wenn dies Ihr siebter Tag ist, lesen Sie weiter und beginnen mit der nächsten Woche.

Woche zwei
Nackter Klang

WO SIE STEHEN

Herzlichen Glückwunsch! Sie haben Woche eins Ihres 8-Minuten-Meditationsprogramms erfolgreich hinter sich gebracht.

Sie haben Ihren Wunsch, meditieren zu lernen, wahr gemacht, vielleicht zum ersten Mal in Ihrem Leben. Bisher haben Sie schon fast eine Stunde lang meditiert. Wenn Sie noch nie zuvor meditiert haben, ist das ein neuer persönlicher Rekord für Sie. Und nächste Woche um diese Zeit werden Sie ihn verdoppelt haben.

In der letzten Woche haben wir auf den Atem meditiert. Und ich bin sicher, dass Ihr (und unser aller) ständiger Begleiter – der umherschweifende Geist – Ihre Meditationssitzung häufig unterbrochen hat. Vielleicht haben Sie aber auch erlebt, und sei es nur einen Moment lang, dass der umherschweifende Geist verschwunden war und Ihre Gedanken wie Wolken über einen weiten Himmel zogen.

Damit haben Sie einen Geschmack von Meditation bekommen, eine Idee davon, wie Meditation Ihnen helfen kann, ruhig und friedlich zu bleiben, egal welche Gedanken von Ihrem Geist aufgewühlt werden.

Wenn Sie nicht der Ansicht sind, dies erlebt zu haben, brauchen Sie sich keine Sorgen zu machen, denn irgendwann werden Sie es erleben. Es ist die natürliche Frucht jeder Meditationspraxis.

Da Sie sich nun auf Woche zwei vorbereiten, wäre dies eine gute Gelegenheit, sich ein paar wichtige Gebrauchsanweisungen erneut vorzunehmen:

- **Zulassen… zulassen… zulassen.** Lassen Sie zu, was immer an die Oberfläche kommt. Und schließen Sie nichts aus. Gefühle, Gedanken, Bilder – alles wird gleich behandelt. Je besser Sie in der Lage sind, sie voll und ganz zu akzeptieren, desto präsenter sind Sie und desto fließender ist Ihre Meditation.
- **Fangen und freilassen.** Wenn Sie merken, dass Sie einen Gedanken am Haken haben, nehmen Sie ihn sanft ab und lassen ihn wieder frei. Mit der Zeit werden Sie immer schneller feststellen, wann Sie etwas »gefangen« haben. Und nach einer Weile wird das Freilassen immer leichter und beinahe automatisch vonstatten gehen.

Behalten Sie dieses dynamische Duo im Kopf, während Sie mit Woche zwei beginnen. Und nicht vergessen: Nächste Woche um diese Zeit haben Sie schon ganze vierzehn Meditationssitzungen hinter sich. Also weiter!

WAS AUF SIE ZUKOMMT

Keine Angst. Nackter-Klang-Meditation heißt nicht, dass Sie sich ausziehen müssen. Es ist meine Art, eine Meditation zu beschreiben, die Sie im Kommen und Gehen von Klängen verankert, ohne dass Sie wissen müssen, worum es sich dabei handelt, was es bedeutet oder woher es kommt.

Die Lärmbelastung hat epidemische Ausmaße erreicht. Auf Gnade oder Ungnade sind wir den ständigen Angriffen plärrender Stereoanlagen, kreischender Auto-Alarmanlagen, brummender Flugzeugmotoren und ohrenbetäubender Martinshörner ausgesetzt.

Höchstwahrscheinlich bekommen auch Sie Ihre tägliche Lärmdröhnung ab und haben Ihr eigenes Rezept, um sich davor zu schützen. Das schließt normalerweise die Entwicklung und Anwendung physischer und psychischer »Ohrenschützer« ein.

Ein paar Beispiele: Der Lärm von der Baustelle nebenan macht Sie verrückt? Sie drehen die Stereoanlage lauter. Die Kinder machen zu viel Lärm? Sie suchen Zuflucht bei Wodka und Martini. Die Alarmanlage eines Autos hört nicht auf zu kreischen? Stereoanlage *und* Martini!

Diese Taktiken mögen funktionieren, aber nur bis zu einem gewissen Grad. Und es gibt eine viel bessere Methode: Meditation. Ob Sie es glauben oder nicht, Meditation kann Ihnen helfen, mit Lärmbelästigung umzugehen – und zwar ohne Ohrenschützer. Darum geht es in der Nackter-Klang-Meditation.

Die Technik der Nackter-Klang-Meditation beschäftigt sich mit dem Klang in seiner ursprünglichen Nacktheit. In der kommenden Woche bringen Sie acht Minuten am Tag damit zu, Klänge nur zu hören – ohne sie zu definieren, zu filtern, abzulehnen oder zu beurteilen. Sie werden erstaunt sein, wie tief entspannend das sein kann.

Hier ein Beispiel, das deutlich macht, was ich damit meine: Sie meditieren. Plötzlich hören Sie im Hintergrund ein leises Brummen, das immer lauter wird. Bevor Sie sich dieses Geräuschs richtig bewusst sind, hat Ihr Geist es bereits als das Brummen eines kleinen Flugzeugs identifiziert. Und schon marschieren alle möglichen Gedanken, Bilder und Körperempfindungen auf wie Fußsoldaten. Es könnte sich etwa so abspielen:

Verdammt, ich hasse dieses Flugzeug! Es stört meine Meditation. Es klingt viel zu nah. Der Pilot ist ein Idiot. Ich bin ein Idiot. Ich hätte nie in so unmittelbare Nähe zum Flughafen ziehen sollen. Ich wünschte, ich hätte genug Geld, um aufs Land ziehen zu können.

Verstehen Sie, was ich meine? Es fängt mit einem einfachen, neutralen, brummenden Geräusch an. Das nächste, was Sie wissen, ist, dass Sie sich aufgeregt haben. Dies ist ein einfaches Beispiel dafür, wie der konditionierte Geist arbeitet: Er nimmt ständig alles entgegen, was über die Sinne – nicht nur über das Hören, sondern über alle fünf Sinne – aufgenommen wird, und das analysiert und *assoziiert* er dann.

Aber es gibt eine andere, weniger stressige und viel geschicktere Art, mit diesem Input umzugehen.

Stellen Sie sich erneut vor, wie Sie meditieren. Nun kommt das Flugzeug. Sie hören das Brummen – lauter... lauter... lauter... lauter. Aber das ist alles, was Sie tun. Sie hören es einfach. Nicht als Flugzeug, sondern *nur als Klang*. Erlauben Sie diesem Klang, einfach zu sein, was er ist, und zu tun, was er tut. In wenigen Augenblicken wird der Klang ganz von selbst SCHWÄCHER... schwächer... schwächer... schwächer...

Und das war's. Klang ist gekommen, Klang ging wieder. Er tanzte seinen Tanz und ging weiter. Sie haben nicht mitgetanzt, haben sich nicht eingeklinkt, haben ihn nicht weggedrückt oder eine Geschichte darüber erzählt. Das nenne ich »nackten Klang«; Klang, der nicht mit Ihren Ideen, Assoziationen und Bildern ausgeschmückt wird.

Über den nackten Klang zu meditieren mag Ihnen einfach vorkommen, aber wundern Sie sich nicht, wenn Sie Schwierigkeiten damit haben. Denken Sie an das eben genannte Beispiel und daran, wie unmittelbar der Geist Klänge mit Urteilen, Gedanken und Annahmen verbindet. Rechnen Sie damit, dass dies während Ihrer Meditation einmal, wenn nicht sogar öfter, vorkommt.

Und machen Sie sich keine Sorgen, regen Sie sich nicht auf und denken Sie nicht, dass Sie irgendetwas falsch machen. Machen Sie einfach weiter. Denn deswegen sprechen wir von Meditationspraxis.

Fangen wir also an.

DIE MEDITATIONSANWEISUNGEN FÜR DIESE WOCHE: NACKTER KLANG

Vorbereitung

- Stellen Sie Ihren Timer auf acht Minuten.
- Nehmen Sie Ihre Meditationshaltung auf dem Stuhl ein – bequem und gleichzeitig wachsam.
- Schließen Sie sanft die Augen.
- Nehmen Sie einen tiefen Atemzug, der Ihre momentanen Sorgen, Hoffnungen und Träume »zusammenfegt«. Halten Sie die Luft einen Augenblick. Und »seufzen« Sie sie dann langsam wieder aus.
- Noch einmal. Tief einatmen. Halten. Jede noch vorhandene Spannung loslassen.
- Starten Sie Ihren Timer.

Anleitung

- Richten Sie Ihre Aufmerksamkeit auf die Geräusche um sich herum. Auf alle Geräusche. Ohne sie zu filtern oder abzulehnen.
- Erlauben Sie diesen Geräuschen, von sich aus anzusteigen und abzuebben. Und während sie das tun, nehmen Sie sie einfach wahr, indem Sie leise die Worte *ansteigen* und *abebben* sagen.
- Seien Sie voll und ganz bei jedem Klang. Wenn ein Klang ansteigt, während ein anderer abebbt, schauen Sie, ob Sie beiden gleich viel Aufmerksamkeit widmen können, indem sie ihr individuelles »Ansteigen« und »Abebben« zur Kenntnis nehmen.
- Ein Klang ist einfach ein Klang. Es gibt keine Notwendigkeit, ihn einem Objekt zuzuordnen.
- Wenn ein Klang ein Gedankenbild oder eine Körperempfindung hervorruft – kein Problem. Nehmen Sie es einfach zur Kenntnis und kehren Sie sanft zu Ihrer Meditation zurück, die darin besteht, dem Klang einfach zu erlauben anzusteigen und abzuebben.
- Tun Sie das, bis Ihr Timer klingelt.
- Üben Sie diese Technik eine Woche lang jeweils acht Minuten am Tag.

WIE KLAPPT ES?

Obwohl Sie das Meditieren über den nackten Klang höchstwahrscheinlich als Herausforderung empfunden haben, haben Sie hoffentlich auch einen Geschmack davon bekommen, wie friedlich man sich fühlen kann, wenn man die Dinge einfach so lässt, wie sie sind. Nun könnten Sie versuchen, die Technik der Meditation Nackter Klang auch auf Ihre anderen Sinne anzuwenden, um ein vollständiges Erlebnis des Sehens, Schmeckens, Riechens und Fühlens zu bekommen.

Wie geht das? Hier ist ein Beispiel dafür, wie man Nackten Klang in Nacktes Sehen verwandeln kann:

Es ist Frühling und Sie kommen an einem wunderschönen Kirschbaum vorbei, der über und über mit Blüten bedeckt ist. Sie bleiben stehen, werden ganz still und schauen den Baum einfach an. Sie vergleichen ihn nicht mit dem Kirschbaum, den Sie letztes Jahr in Washington D.C. gesehen haben, und beurteilen ihn auch nicht im Vergleich mit den Kirschblüten am anderen Ende der Straße. Stattdessen »sehen« Sie einfach, und zwar in genau der gleichen Weise, in der Sie bei der Meditation über den nackten Klang einfach auf die Klänge »gehört« haben – ohne Vorstellungen, Gedanken, Urteile oder Vergleiche.

Wenn Sie einen Baum auf diese Weise betrachten, ist es, als sähen Sie die Natur zum ersten Mal. Dieses Erlebnis kann freudvoll sein, ja sogar überwältigend. Stellen Sie sich vor, dass Sie so durch Ihren Tag gehen – nur sehen, nur schmecken, nur riechen, nur fühlen, ohne zu filtern, zu kritisieren oder zu beurteilen.

Klingt wunderbar? Das ist es auch. Und die Meditation kann Ihnen helfen, Dinge so zu erleben.

FRAGEN UND ANTWORTEN: MEDITIERE ICH RICHTIG?

Meine Meditationssitzung war schlecht. Was läuft falsch?

Sie werden nie hören, dass sich jemand beklagt, weil er oder sie eine »gute« Meditationssitzung hatte. Aber wenn es eine »schlechte« war, dann gute Nacht!

Dann wird gleich angenommen, dass irgendwas fürchterlich schief gelaufen sein muss! Hier ist eines dieser typischen gemischten Szenarien:

Okay, ich meditiere ... Ich halte mich perfekt an die Anweisungen ... Ich sollte eigentlich gelassen, glücklich und selig sein! ... Bin ich aber definitiv nicht! ... Ich krieg den Bogen nie raus! ... Das ist eine schlechte Meditationssitzung!

Wenn Ihnen das bekannt vorkommt, entspannen Sie sich! Das ist nicht nur keine schlechte Meditationssitzung, sie ist sogar *perfekt*. Warum? Weil sie deutlich macht, dass nicht Ihre Meditation das Problem ist, sondern vielmehr Ihr urteilender Geist, der in diesem Fall entschieden hat, die Meditationssitzung sei schlecht.

Von den Gebrauchsanweisungen für die Meditation wissen Sie, dass es nur ein Kriterium dafür gibt, ob eine Meditationssitzung gut oder schlecht war, nämlich diese: »Eine gute Meditation ist die, die Sie gemacht haben. Eine schlechte Meditation ist die, die Sie ausgelassen haben.« Vergessen Sie das nicht. Und meditieren Sie weiter. Es ist alles *gut*.

Wie weiß ich, dass diese Meditationstechnik richtig für mich ist?

Es gibt hunderte von Meditationstechniken, unter denen man wählen kann. Wenn Sie dieses achtwöchige Meditationsprogramm abgeschlossen haben, sind Sie viel besser in der Lage, sich Techniken auszusuchen, die perfekt zu Ihnen passen. Doch bis wir so weit sind, sollten Sie mir erlauben, eine Wahl für Sie zu treffen.

Es ist wichtig, dass Sie dieses Programm so durchziehen, wie es hier präsentiert wird, und jeder Meditationstechnik ganze sieben Tage Probezeit geben. Das wird hoffentlich verhindern, dass die weit verbreitete Unsitte, die ich als *Contentment Shopping* (etwa: »Einkaufen, was zufrieden macht«) bezeichne – etwas, das zu allem anderen führt als zur Zufriedenheit – noch weiter um sich greift.

Contentment Shopping ist die nie enden wollende habgierige Suche nach »etwas« da draußen, das uns glücklich machen wird. Sie wissen genau, dass Sie dieses Ding einfach haben müssen, egal wie. Und so läuft das ab:

Sie sehen etwas, irgendetwas, von einer Schachtel Pralinen für € 2,99 bis zum BMW für € 89 000,00, und denken: »Wenn ich das haben kann, bin ich glücklich.« Und dann tun Sie alles, was in Ihrer Macht steht, um es zu bekommen. Und sind glücklich – einen Moment lang. Der dauert etwa zwei Minuten bei den Pralinen. Und viel länger bei dem BMW – bis zu ganzen zwei Wochen oder bis zum ersten Kratzer auf dem Kotflügel.

Ihr Wunsch, zu einer anderen Meditationstechnik zu wechseln, ist nur eine Version von Pralinenschachtel oder BMW. Sie glauben, damit, dass Sie eine andere Meditationstechnik anwenden, seien Ihre Probleme gelöst und Sie glücklich. Auf der anderen Seite könnte das Beibehalten dieser Meditationstechnik, und sei es nur für eine Woche, ein bedeutender Schritt in Richtung Freiheit sein. Sie befreien sich damit nämlich von der falschen Vorstellung, das Glück sei »da draußen«, im nächsten Ding. Das könnte die erste Bruchstelle im Teufelskreis des *Contentment Shopping* sein. Klingt das nicht, als sei es die bessere Wahl?

Bleiben Sie also bei der Meditationstechnik dieser Woche, bis die Zeit für einen Wechsel gekommen ist. Nehmen Sie alle Fragen und Zweifel zur Kenntnis, die Ihnen einreden wollen, da draußen gäbe es eine bessere Meditationstechnik. Und wenn Sie die haben könnten, dann ...

Wie weiß ich, dass das mit dem Meditieren »funktioniert«?

Meditation funktioniert anders als andere Dinge. *Was zu passieren scheint und was wirklich passiert*, wenn Sie meditieren, sind zwei verschiedene Dinge.

Nehmen wir an, Sie haben sich gerade zum Meditieren hingesetzt. An diesem Punkt fühlen Sie sich, nun ja, als säßen Sie einfach da wie ein Fels in der Brandung. Das nächste, was Sie merken, ist, dass Sie einen nicht enden wollenden Strom von Gedanken, Gefühlen und Körperempfindungen erleben. Einige dieser Gedanken haben vielleicht mit Meditation zu tun. Zum Beispiel könnten Sie sich fragen, was Sie dabei falsch machen, oder der Ansicht sein, das sei doch alles reine Zeitverschwendung. Aber das ist nicht wahr, im Gegenteil: Hier läuft ein machtvoller Prozess ab, und zwar unterhalb Ihrer Wahrnehmungsschwelle.

Ich habe bereits erläutert, wie das Meditieren »Bewusstseinsmuskeln« aufbaut und wie jede Ihrer achtminütigen Meditationssitzungen zum Aufbau dieser Muskeln beiträgt. Das passiert jedes Mal, wenn Sie meditieren, *ob Sie sich dessen bewusst sind oder nicht.*

Das zu wissen macht Sie frei. Sie müssen sich nicht ständig selbst überprüfen, um festzustellen, ob Ihre Meditation Ergebnisse hervorgebracht hat. Sie müssen nur eines tun, nämlich sich an das 8-Minuten-Meditationsprogramm halten. Es funktioniert, ob Sie es nun merken oder nicht.

Ich bin beim Meditieren eingeschlafen. Ist das in Ordnung?

Es ist in Ordnung. Aber jetzt ist es Zeit zu meditieren.

Jeder Meditierende schläft irgendwann mal bei der Arbeit ein. Sie begeben sich in einen entspannten Zustand und – tschüß. Es ist nicht schlimm einzuschlafen und Sie sollten sich deswegen niemals ausschimpfen.

Auf der anderen Seite gilt Ihr Nickerchen aber auch nicht als Meditationssitzung. Das Beste, was Sie tun können, wenn Sie aufwachen, ist – Sie haben es sicher schon erraten – Ihren Timer auf acht Minuten zu stellen und wieder mit dem Meditieren zu beginnen.

Hier sind ein paar einfache »Tricks«, die Ihnen helfen können, beim Meditieren wach und aufmerksam zu bleiben:

- Behalten Sie die korrekte Sitzhaltung bei. Es ist wichtig, dass Sie gerade und aufrecht sitzen. Oft dösen Sie nämlich weg, wenn Sie anfangen, sich hängen zu lassen. Eine einfache Korrektur der Sitzhaltung kann

einen großen Unterschied für Ihre Wachheit machen. Die Tatsache, dass Sie wegdösen, sollte Sie immer daran erinnern, noch einmal zurückzublättern und sich den Abschnitt über die Sitzhaltung in Teil eins noch einmal durchzulesen.
- Achten Sie darauf, dass der Raum, in dem Sie meditieren, eher ein wenig kühl ist. Drehen Sie die Heizung ab. Lassen Sie frische Luft herein. Legen Sie Pullover, Westen oder Schals ab.
- Waschen Sie Ihr Gesicht mit kaltem Wasser, bevor Sie sich zum Meditieren hinsetzen.
- Machen Sie ein paar Körperübungen, um Ihren Kreislauf anzuregen. Auch ein paar tiefe Atemzüge können Wunder wirken.
- Meditieren Sie nie nach einem opulenten Mahl, einem dreifachen Espresso oder einem Glas Sekt.
- Achten Sie darauf, dass Sie Ihre Meditationszeit nicht mit der Zeit für Ihr Mittagsschläfchen verwechseln. Dann hätte das Meditieren seinen Sinn verfehlt.

Sie machen das prima! Wenn dies Ihr siebter Tag ist, lesen Sie weiter und beginnen mit der nächsten Woche.

Woche drei
Körper-
empfindungen wahrnehmen

WO SIE STEHEN

Herzlichen Glückwunsch! Sie haben nun schon vierzehn Tage Meditationspraxis. Wie ein bekannter Meditationsmeister einmal sagte: »Alles ist perfekt! Und es gibt immer Verbesserungsmöglichkeiten.«

Jetzt sind Sie vielleicht an einem Punkt angekommen, an dem

- es Ihnen leichter fällt, sich überhaupt zum Meditieren hinzusetzen;
- Sie beim Meditieren entspannter sind und Ihnen das Ganze weniger peinlich ist;
- Sie einzusehen beginnen, dass Meditation weder zu schwer noch zu leicht ist;
- Sie ungeduldig werden, weil Sie nicht so schnell Fortschritte machen, wie Sie erwartet haben.

Die ersten drei Punkte sind nicht problematisch. Im Gegenteil, sie weisen sogar darauf hin, dass Sie gute Fortschritte gemacht haben. Doch werfen wir einen Blick auf den letzten Punkt: Ungeduld.

Atmen Sie genau an dieser Stelle einmal lang, tief und ganz langsam ein und aus. Gut. Jetzt sind Sie bereit weiter zu lesen.

Ungeduld ist eines der gängigen Gefühle, die in den Anfangsphasen der Meditationspraxis auftauchen, und zwar

- entweder, weil Sie das Meditieren genießen und möchten, dass es noch besser wird – jetzt sofort;
- oder, weil Sie das Meditieren nicht genießen und enttäuscht und irritiert sind. Dann möchten Sie, dass die Meditation endlich »anschlägt« – jetzt, in diesem Moment!

Diese scheinbar konträren Ansichten sind in Wirklichkeit die beiden Seiten ein und derselben Medaille, die »Erwartung« heißt. Wenn starke Vorlieben wie diese in der Meditation auftauchen, bieten sie eine gute Gelegenheit zur Beobachtung. Nehmen Sie diese Gedanken und Gefühle wahr, wenn sie hochkommen, und wenden Sie die Gebrauchsanweisungen »Fangen und freilassen« und »Zulassen ... zulassen ... zulassen« darauf an.

In dieser Woche fügen Sie Ihrer Sammlung von Meditationswerkzeugen etwas Neues hinzu: eine Technik, die »Körperempfindungen wahrnehmen« heißt. Es handelt sich um eine neue Methode, ein Terrain zu erforschen, das Sie wirklich zu kennen glauben – Ihren Körper. Ich denke, Sie sind jetzt bereit, sich die Augen öffnen zu lassen. Also los.

WAS AUF SIE ZUKOMMT

Es gibt einen alten Film namens *Fantastic Voyage* (»Fantastische Reise«) mit Raquel Welch und Steven Boyd. Die beiden, die übrigens knallenge Strampelanzüge tragen (keine Ahnung warum), werden auf die Größe von

Mikroben geschrumpft und dann als Piloten eines mikroskopisch kleinen Spaceshuttles durch die Blutbahn eines genialen Wissenschaftlers geschickt, in dessen Gehirn sie ein Blutgerinnsel orten sollen, bevor es zu spät ist – was es natürlich nicht ist.

Woche drei Ihres 8-Minuten-Meditationsprogramms wird Sie auf so etwas wie Ihre eigene fantastische Reise mitnehmen, auf eine Reise durch Ihren eigenen Körper. Ob Sie dafür einen Strampelanzug anziehen, liegt ganz bei Ihnen.

Die Meditationstechnik, die Sie in der kommenden Woche anwenden, heißt »Wahrnehmen«. Wahrnehmen ist eine einfache, aber dennoch kraftvolle Technik, die es Ihnen ermöglicht, Ihre Aufmerksamkeit auf ein Meditationsobjekt zu konzentrieren. Das Objekt wird Ihr eigener Körper sein.

Hier ein kleiner Vorgeschmack auf das Wahrnehmen. Versuchen Sie es jetzt:

- Atmen Sie tief ein und aus und schließen Sie sanft die Augen.
- Entspannen Sie sich in Ihren Körper hinein. Nehmen Sie ihn wirklich in Besitz.
- Wird Ihre Aufmerksamkeit von einer vorherrschenden Empfindung irgendwo an oder in Ihrem Körper angezogen?
- Gut. Stellen Sie fest, wo Sie diese Empfindung wahrnehmen. Sie müssen den Körperteil, an oder in dem Sie die Empfindung wahrnehmen, nicht genau benennen können.
- Beobachten Sie die Empfindung, ohne sie zu analysieren oder zu beurteilen. Passen Sie einfach nur auf.

Wie Sie sehen, brauchen Sie sich nicht darum zu kümmern, wo genau in Ihrem Körper Sie die vorherrschende Empfindung wahrnehmen. Sie müssen nur eins tun: die Empfindung fühlen, sie wahrnehmen und Ihre Aufmerksamkeit dorthin lenken.

Ein Wort zu möglichen Schwierigkeiten: Es kann sein, dass Sie das Wahrnehmen als größere Herausforderung empfinden als die vorangegangenen Techniken mit dem Atem und dem Klang. Das liegt daran, dass Ihr »Ankerpunkt« bei der Wahrnehmungsmeditation nicht mehr an nur einer Stelle beziehungsweise bei nur einer Sache ist, sondern sich ständig durch Ihren ganzen Körper bewegt. Seien Sie nicht enttäuscht, wenn das eine Herausforderung für Sie darstellt. Das Wahrnehmen ist es durchaus wert erforscht zu werden, und es kann eine »Turbo-Aufladung« Ihrer Bewusstseinsebene bewirken. Vergessen Sie nicht, dass Sie hier Bewusstseinsmuskeln aufbauen.

Okay, schnallen Sie sich an, wir starten – die Reise beginnt.

DIE MEDITATIONSANWEISUNGEN FÜR DIESE WOCHE: WAHRNEHMEN

Vorbereitung

- Stellen Sie Ihren Timer auf acht Minuten.
- Nehmen Sie Ihre Meditationshaltung auf dem Stuhl ein – bequem und gleichzeitig wachsam.
- Schließen Sie sanft die Augen.

- Nehmen Sie einen tiefen Atemzug, der Ihre momentanen Sorgen, Hoffnungen und Träume »zusammenfegt«. Halten Sie die Luft einen Augenblick. Und »seufzen« Sie sie dann langsam wieder aus.
- Noch einmal. Tief einatmen. Halten. Jede noch vorhandene Spannung loslassen.
- Starten Sie Ihren Timer.

Anleitung

- Lassen Sie zu, dass sich Ihr Körper entspannt. Achten Sie auf die unterschiedlichen Körperempfindungen, die sich bemerkbar machen. Tun Sie das ein paar Sekunden lang.
- Irgendwann werden Sie das Gefühl haben, dass ein Bereich Ihres Körpers regelrecht »aufleuchtet«.
- Nehmen Sie diese Stelle wahr. Es ist nicht nötig, dass Sie die Körperzone, zu der sie zu gehören scheint, exakt benennen können.
- Lenken Sie Bewusstheit in diese dominante Zone. Und bleiben Sie mit Ihrer Aufmerksamkeit dort. Dies ist Ihr momentaner Ankerpunkt.
- Bald wird eine neue Empfindung in einem anderen Bereich »aufleuchten«. Gehen Sie damit genauso um wie mit der ersten. Machen Sie die Zone, in der sie sich befindet, zu Ihrem momentanen Ankerpunkt. Nehmen Sie diese neue Stelle wahr und bleiben Sie mit Ihrer Aufmerksamkeit

> dort. Lassen Sie die Empfindung zu. Beobachten Sie sie. Tun Sie nichts dafür oder dagegen.
> - Wenn Gedanken auftauchen, nehmen Sie sie einfach zur Kenntnis. Lassen Sie sich nicht verwickeln. Kehren Sie sanft zu der Stelle zurück, wo Sie Ihre dominante Körperempfindung wahrnehmen.
> - Üben Sie diese Technik eine Woche lang jeweils acht Minuten am Tag.

WIE KLAPPT ES?

Nun, nachdem Sie Gelegenheit hatten, die Wahrnehmungsmeditation auszuprobieren, möchte ich Ihnen einen netten Weg zu einem besseren Verständnis dieser Meditation zeigen. Machen wir einen kleinen Ausflug zurück in die Blütezeit des Fernsehens und zu der berühmten Polizeiserie *Dragnet*.

Sie erinnern sich vielleicht, dass Jack Webb in dieser Serie Joe Friday spielte, den wortkargen Sergeanten mit dem Pokerface. Und Sie konnten sicher sein, dass Sergeant Friday in jeder Folge irgendwann einen weiblichen Zeugen zu einem Fall befragte. In einer solchen Szene sagte er dann garantiert immer seinen berühmten Satz: »Bitte nur die Fakten, Ma'am.«

Friday meinte damit, dass er *ausschließlich* am Kern des betreffenden Ereignisses interessiert war – an den reinen, unverfälschten Fakten, an dem, was wirklich passiert war. Er war nicht daran interessiert, was die Zeugin dachte, sich vorstellte oder gern gesehen hätte. Alles, was der Sergeant wollte, waren die Fakten, Ma'am. Punkt.

»Nur die Fakten« ist also das Motto, von dem ich möchte, dass es Ihr Motto im Umgang mit der Wahrnehmungstechnik wird. Und damit meine ich Folgendes:

- Wenn Sie eine Körperempfindung wahrnehmen, nehmen Sie sie nur zur Kenntnis.
- Wenn Sie Ihren Atem beobachten, beobachten Sie ihn nur.
- Wenn Sie ein Geräusch hören, hören Sie es nur.

Das entscheidende Wort heißt *nur*. Und in dem Maße, in dem diese »Nur-heit« Ihr Bewusstsein mehr und mehr zu durchdringen und zu sättigen beginnt, wird Ihre Meditationspraxis Sie zu einem neuen Ort des Zulassens und der Ausgeglichenheit führen, von dem aus Sie nicht nur der Meditation, sondern Ihrem ganzen Leben viel entspannter und viel offener begegnen können.

Und das gehört eindeutig zu den Fakten.

FRAGEN UND ANTWORTEN: DENKEN, DENKEN, DENKEN ...

Was mache ich mit ungewollten Gedanken, die während der Meditation auftauchen?

Machen Sie genau *das Gegenteil* von dem, was Sie sonst tun.

Unser wachbewusstes Leben ist übervoll von Gedanken, die sich in einer ununterbrochenen Litanei abspulen und das ganze Spektrum unserer Emotionen steuern, von reiner Glückseligkeit bis hin zur absoluten Hölle. Normalerweise schenken wir unseren Gedanken viel mehr Beachtung als sie verdienen. Wir glauben nämlich, wir seien verpflichtet, ihnen zu folgen, wo immer sie uns hinführen.

Doch wie es so schön heißt: »Ein Gedanke jagt den anderen.« Und genau das passiert auch, immer und immer wieder, bis in alle Ewigkeit – und bis zum Erbrechen. Das ist ganz schön anstrengend, oder nicht? Was also können Sie tun, um Ihren erschöpften Geist zur Ruhe zu bringen und ein wenig Frieden zu finden? Meditieren.

Meditation ist das Heilmittel für den umherschweifenden Geist. Alles, was Sie tun müssen, ist – nichts. Und das geht so:

- Ein Gedanke taucht auf. Sie beobachten ihn, lassen ihn zu und lassen ihn wieder los.
- Ein neuer Gedanke taucht auf. Sie beobachten ihn, lassen ihn zu und lassen ihn wieder los.
- Noch ein Gedanke taucht auf. Erraten? Genau! Sie beobachten ihn, lassen ihn zu und lassen ihn wieder los.

Wenn Sie nun denken, dass dies doch sehr nach den Gebrauchsanweisungen »Zulassen ... zulassen ... zulassen« und »Fangen und freilassen« klingt, haben Sie Recht. Und das ist eine gute Nachricht, denn sie bedeutet, dass Sie nichts Neues lernen müssen. Sie müssen lediglich weiterhin tun, was Sie bis jetzt getan haben.

Mittlerweile haben Sie sicher schon gemerkt, dass in der Meditation immer Gedanken auftauchen, egal wie ruhig und entspannt Sie sind oder wie gut im Meditieren. Die gute Nachricht ist jedoch, dass Sie allmählich immun gegen die Verlockungen des umherschweifenden Geistes werden – wie verführerisch sie auch scheinen mögen.

Erinnern Sie sich an unsere Gebrauchsanweisungen und unsere Definition von Meditation – und lassen Sie zu, was ist. Gönnen Sie Ihrem erschöpften Geist Ruhe. Baden Sie in dem Frieden, den Sie verdient haben.

Seit ich mit dem Meditieren begonnen habe, gehen mir mehr Gedanken durch den Kopf als je zuvor. Warum bewirkt die Meditation so etwas?
Unmittelbar bevor Garcia seinem Kommandanten die schrecklichen Kriegsnachrichten überbrachte, sagte er: »Bitte tötet den Überbringer nicht!«

Es gibt einen enormen Unterschied zwischen »Gedanken mehr wahrnehmen« und »mehr Gedanken wahrnehmen«. In der Meditation geschieht das Erste, nicht das Zweite, selbst wenn es nicht so zu sein scheint.

Meditation bewirkt nicht, dass Ihnen mehr Gedanken durch den Kopf gehen. Sie bewirkt vielmehr, dass Sie zum ersten Mal in Ihrem Leben *merken*, wie viele Gedanken Ihnen in Wirklichkeit ständig durch den Kopf gehen. Das ist etwas, das Ihnen vermutlich noch nie aufgefallen ist.

Statt also den Schluss zu ziehen, dass Meditation Ihren Geist durcheinander bringt, sollten Sie dankbar sein für diese neue Erkenntnis: Ihr denkender Geist ist *immer* mit Denken beschäftigt, und meistens ist das absolut unbrauchbar und unwichtig.

Wenn Sie also das nächste Mal meditieren und der Gedanke »Meditation verursacht mehr Gedanken« hochkommt, gehen Sie genau so mit ihm um, wie Sie mit all Ihren Gedanken umzugehen gelernt haben: Sie lassen ihn zu und kümmern sich nicht weiter um ihn. Das ist einfach eine weitere gute Gelegenheit, sich auf eine sehr viel bessere – und friedlichere – Weise mit dem umherschweifenden Geist zu beschäftigen.

Während ich meditierte, fühlte ich mich einen Moment lang so, als sei ich wirklich da. Es fühlte sich wunderbar an, aber dann war es wieder weg. Wie kann ich es zurückbekommen?

Was Sie erlebt haben, war ein natürlicher Zustand, der Ihr Geburtsrecht ist. Dieser Zustand hat viele Namen. Im Moment wollen wir ihn »Präsenz« nennen. Es ist das Leben selbst, das hier zum Ausdruck kommt, ohne die ständigen Überlagerungen aus der nie still stehenden Ich-Maschine.

Präsenz ist immer genau hier und steht immer zur Verfügung, in jedem Moment. Aber die einzige Möglichkeit, zur Präsenz zurückzukehren, besteht paradoxerweise darin, nicht den Versuch zu machen, zu ihr zurückzukehren. Versuchen Sie folgendes, damit Sie besser verstehen, was ich meine:

- Halten Sie inne in dem, was Sie gerade tun.
- Lassen Sie die Gedanken, die Sie in den letzten fünf Minuten hatten, Revue passieren. Zerbrechen Sie sich nicht den Kopf, wenn Sie sich an die meisten davon nicht spontan erinnern können.
- Wie viel Prozent Ihrer Gedanken kreisten um Pläne für Ihre Zukunft? Wie viel Prozent waren Erinnerungen an Ihre Vergangenheit? Was würden Sie sagen?
- Wo waren »Sie«, als Sie diese Gedanken hatten?

Nur ein paar Minuten der Beobachtung genügen, um uns klar zu machen, wie viel von unserem wachbewussten Leben wir entweder in alte Kamellen investieren oder in eine noch nicht existente Zukunft. Es ist erstaunlich, wie selten am Tag wir wirklich präsent sind, in genau diesem Moment, der, wenn Sie ihn einmal erlebt haben, der wundervollste Ort von allen ist.

Hier kann das Meditieren hilfreich sein. Sie können zwar nicht konkret beschließen, präsent zu sein, aber die Meditation macht es Ihnen möglich, das zu werden, was Catherine Ingram – Lehrerin und Autorin des hervorragenden Buches *Passionate Presence* – als »der Präsenz mehr zugeneigt« bezeichnet. Wie geht das vor sich? Indem Sie einen Raum schaffen, wo Sie sich »im Fluss der Gedanken stromaufwärts« aufhalten können, wie Catherine es nennt.

Je mehr Sie meditieren, desto mehr Zeit verbringen Sie stromaufwärts und dieser Ort tritt immer deutlicher zu Tage und wird Ihnen immer vertrauter. Sie beginnen zu verstehen, und zwar auf einer nicht-intellektuellen Ebene, dass Präsenz nichts ist, das von »da draußen« kommt und nur zufällig – und zeitweise – zu Besuch ist. Stattdessen werden Sie Präsenz als einen natürlichen inneren Zustand erkennen, der immer da ist und immer zur Verfügung steht – in dem stillen Raum, der durch das Meditieren erschaffen wird.

Als ich meditierte, hat mein Geist andauernd »White Christmas« gesungen, immer wieder. Es ist zum Verrücktwerden. Was soll ich tun?
Keine Sorge, Sie werden nicht verrückt. Es kommt häufig vor, dass beim Meditieren bekannte Lieder oder Werbesongs auftauchen.

Nehmen wir an, es ist Dezember und Sie sind mitten in Ihrer 8-Minuten-Meditationssitzung. Plötzlich hören Sie eine bekannte Melodie in Ihrem Kopf. Es ist *White Christmas*, der klassische Dauerbrenner von Irving Berlin, und die Stimme, die singt, ist natürlich die von Bing Crosby.

Doch mit einem Mal ist es keineswegs getan! Es ist, als habe man einen alten Phonographen in Ihr Gehirn transplantiert, auf dem nun eine einzige Schallplatte mit nur diesem Lied abläuft – immer und immer wieder. Sie versuchen es aus Ihrem Kopf zu verbannen, aber wie üblich: Je mehr Sie es versuchen, desto ausdauernder spielt es.

Ihre Reaktion auf diese Störung ist vermutlich alles andere als geschickt. Wahrscheinlich geben Sie so etwas wie *Oh, verdammt noch mal! Hau ab! Siehst du nicht, dass ich meditiere?* von sich. Aber kümmert das Irving und Bing? Absolut nicht!

Was um alles in der Welt sollen Sie tun, damit Sie weiter meditieren können? Zum Beispiel dies:

Um eine Anleihe bei Gertrude Stein zu machen: »Ein Gedanke ist ein Gedanke ist ein Gedanke.« Erinnern Sie sich an die Gebrauchsanweisung »Fangen und freilassen«? Hier ist Folgendes passiert: Sie hatten einen Gedanken am Haken, in diesem Fall eine Reihe von Worten, die zusammen ein Lied ergeben. Nun müssen Sie mit diesen Worten lediglich so umgehen, wie Sie mit einem einfachen Gedanken umgehen würden – sie sanft vom Haken nehmen und wieder in den Fluss entlassen.

Mögen Ihre Tage fröhlich und strahlend sein.

Sie machen das prima! Wenn dies Ihr siebter Tag ist, lesen Sie weiter und beginnen mit der nächsten Woche.

Woche vier
Dieser magische Moment

WO SIE STEHEN

Sie beginnen nun mit der vierten Woche Ihres Meditationsprogramms. Mittlerweile haben Sie schon fast drei Stunden lang meditiert! Erstaunlich! Dafür können Sie sich ruhig mal auf die Schulter klopfen.

Mittlerweile haben Sie vermutlich eine oder mehrere der folgenden Erfahrungen gemacht:

- Die Meditation wird gemütlicher. Wenn Sie meditieren, fühlen Sie sich wie in eine warme, freundliche Decke eingehüllt. Es ist etwas, das Sie jeden Tag tun wollen.
- Sie sind besser in der Lage, Ihre Gedanken und Körperempfindungen zu akzeptieren, auch die eher unangenehmen. Die *Terra incognita* wird Ihnen allmählich vertrauter.
- Sie beginnen die unbeständige Natur all Ihrer Emotionen, Körperempfindungen und Gedanken zu verstehen. Sie entstehen aus sich selbst heraus und verflüchtigen sich schließlich wieder wie Wolken, die über einen weiten Himmel ziehen. Und Sie sind der Himmel.
- Sie werden immer geschickter darin, alles loszulassen, was in der Meditation auftaucht, seien es Gedanken,

Bilder oder Körperempfindungen. Fangen und freilassen wird zu einem Teil Ihres Seins, der ganz automatisch funktioniert.

Das ist ein großartiger Prozess und Sie können sich gratulieren für Ihre Entschlossenheit und Ihre Bereitschaft, dieses Programm weiter zu verfolgen. Gehen wir also weiter zu Woche vier.

WAS AUF SIE ZUKOMMT

Die Meditationen dieser Woche kreisen wieder einmal darum, im gegenwärtigen Moment präsent zu sein. Und damit Sie dazu in der Lage sind, werden Sie mit einer Technik arbeiten, die ich »Dieser magische Moment« nenne.

Letzte Woche haben wir im Abschnitt »Fragen und Antworten« das Thema Präsenz angeschnitten. Vielleicht möchten Sie sich das noch einmal anschauen, bevor Sie weiterlesen.

Bei Präsenz geht es einfach darum, hier zu sein, jetzt. Das mag Ihnen redundant und vielleicht sogar ein wenig absurd vorkommen. »Na und?«, sagen Sie vielleicht, »Ich bin immer hier, jetzt. Wo sollte ich denn sonst sein?«

Gute Frage. Nehmen wir uns also einen Moment Zeit, um herauszufinden, ob Sie wirklich hier sind, jetzt. Hören Sie auf zu lesen und legen Sie dieses Buch beiseite. Atmen Sie nun tief ein und aus, schließen Sie sanft die Augen und entspannen Sie sich völlig, während Sie weitere vier Mal tief ein- und ausatmen.

Gut, machen Sie die Augen wieder auf und beantworten Sie diese Frage: Waren Sie während dieser vier Atemzyklen voll und ganz präsent? Damit meine ich: Waren Sie *genau hier*? Oder kam Ihr Geist mit Fragen wie: *Warum sitze ich hier mit geschlossenen Augen?* Oder: *Ist es das, was man unter präsent sein versteht?* Schauen Sie genau hin. Was ist passiert?

Diese Übung macht deutlich, dass Sie zwar der Ansicht sind, die ganze Zeit »hier« zu sein, dass aber so ziemlich genau das Gegenteil der Fall ist: Sie sind *sehr viel seltener* »hier«, als Ihnen bewusst ist. Und Sie sind *sehr viel öfter* »dort«, als Ihnen bewusst ist. Bei der Meditation über »diesen magischen Moment« geht es darum, Sie mit dieser flüchtigen Präsenz in Kontakt zu bringen.

Fangen wir also an.

DIE MEDITATIONSANWEISUNGEN FÜR DIESE WOCHE: DIESER MAGISCHE MOMENT

Vorbereitung

- Stellen Sie Ihren Timer auf acht Minuten.
- Nehmen Sie Ihre Meditationshaltung auf dem Stuhl ein – bequem und gleichzeitig wachsam.
- Schließen Sie sanft die Augen.
- Nehmen Sie einen tiefen Atemzug, der Ihre momentanen Sorgen, Hoffnungen und Träume »zusammenfegt«. Halten Sie die Luft einen Augenblick. Und »seufzen« Sie sie dann langsam wieder aus.

- Noch einmal. Tief einatmen. Halten. Jede noch vorhandene Spannung loslassen.
- Starten Sie Ihren Timer.

Anleitung

- Entspannen Sie sich und lassen Sie Ihren Geist zur Ruhe kommen.
- Ein Gedanke taucht auf. Er kreist vermutlich irgendwie um die Vergangenheit oder um die Zukunft.
- Kennzeichnen Sie den Gedanken entweder als »Vergangenheit« oder als »Zukunft«.
- Lassen Sie den Gedanken weiterziehen wie eine Wolke am Himmel.
- Und während er weiterzieht, nehmen Sie den Himmel wahr. Still. Ruhig. Hier. Jetzt.
- Lassen Sie sich in diese stille Präsenz fallen.
- Ein anderer Gedanke taucht auf. Setzen Sie ihm keinen Widerstand entgegen. Kennzeichnen Sie ihn einfach wieder nur als »Vergangenheit« oder »Zukunft«.
- Schweift Ihr Geist ab, indem er sich mit Gedanken, Körperempfindungen oder Emotionen beschäftigt? Kein Problem. Nehmen Sie all das einfach nur zur Kenntnis und lassen Sie es weiterziehen wie Wolken am grenzenlosen Himmel.
- Lassen Sie die Gedanken zu. Lassen Sie die Stille zu. Lassen Sie alles zu.

- Tun Sie das, bis Ihr Timer klingelt.
- Üben Sie diese Technik eine Woche lang jeweils acht Minuten am Tag.

WIE KLAPPT ES?

Die Meditationstechnik »Dieser magische Moment« ist so konzipiert, dass sie Ihnen auf einer nicht-intellektuellen Ebene verstehen hilft, welcher Unterschied zwischen dem Sein hier und woanders beziehungsweise »wannanders« besteht.

Gut illustriert das ein Cartoon, der im Magazin *New Yorker* erschienen ist (das eine Vorliebe für Mönche zu haben scheint!). Dieser Cartoon sieht so aus:

Ein Zen-Mönch sitzt mit glückseligem Lächeln und gekreuzten Beinen im vollen Lotos, der schwierigen traditionellen Sitzhaltung, auf seinem Meditationskissen. Über seinem Kopf schwebt eine »Denkblase«. Und was ist da wohl drin?

Ein Stuhl!

Abgesehen davon, dass dieser Cartoon unglaublich witzig ist, bringt er auch eine Wahrheit zum Ausdruck: Wie ausgereift wir als Meditierende auch sind, es braucht nicht viel, um uns völlig aus dem Moment herauszureißen, egal, welchen Eindruck wir auf die Welt machen – oder auf uns selbst. Unser Cartoon-Mönch hat wahrscheinlich schon stundenlang unbeweglich in dieser unbequemen Haltung gesessen. Seine Unfähigkeit, die Unbequemlichkeit zu akzeptieren, hat dazu geführt, dass er sich an die Vergangenheit erinnerte (*Meine Güte, weißt du noch, wie schön es war, auf einem Stuhl zu sitzen?*) oder sich die Zukunft ausmalte (*Meine Güte, wäre so ein Stuhl jetzt nicht eine tolle Sache?*) – oder sogar beides!

Jeder von uns ist dieser Cartoon-Mönch und träumt davon, auf einem Stuhl zu sitzen, der irgendwo anders steht, statt genau da zu sein, wo wir nun mal sind. Zu den größten Segnungen der Meditation gehört, dass sie uns, vielleicht zum ersten Mal in unserem Leben, einen ruhigen Ort zur Verfügung stellt, von dem aus wir die ununterbrochene Suche unseres Geistes nach jenem schwer fassbaren Etwas beobachten können, das alles in Ordnung bringen soll.

Dieses durch Meditation erlangte Verständnis kann uns in die Freiheit führen.

FRAGEN UND ANTWORTEN: MUSIK, MANTRAS, LÄRM UND RÄUCHERSTÄBCHEN

Ich habe gehört, dass es der Meditation förderlich ist, wenn man dabei Musik hört. Kann ich meine Lieblingsmusik laufen lassen, während ich meditiere?

Lieber nicht. Und zwar deswegen:

Wenn Sie meditieren, möchten Sie doch, dass Ihr Spielfeld so eben wie möglich ist – vielleicht sogar ein wenig zu Ihren Gunsten geneigt. Eine Möglichkeit, dies zu erreichen, besteht darin, Ablenkungen von außen zu minimieren. Musik, welcher Art auch immer, laufen zu lassen, während Sie meditieren, erzeugt nicht nur unnötige Geräusche, sondern löst auch Assoziationen und Erinnerungen in Zusammenhang mit dem aus, was die Musik oder das Lied für Sie persönlich bedeutet. Diese bewussten oder auch unterschwelligen Gedanken sind praktisch eine Garantie dafür, dass Sie von Ihrer Meditation abgelenkt werden.

Warum sollten Sie es sich selbst schwer machen? Sorgen Sie dafür, dass das Spielfeld so eben wie möglich bleibt, und heben Sie die Musik für später auf. Dann haben Sie auch mehr Spaß daran.

Kann ich Räucherstäbchen abbrennen, während ich meditiere?

In den nächsten acht Minuten ist Rauchen verboten.

Die Gründe dafür sind dieselben wie für die Musik: Der Geruch der Räucherstäbchen kann Sie vom Hauptereignis ablenken, nämlich von Ihrer Meditation. Es ist, als seien Sie ein Klippentaucher, der hundert Meter über dem Pazifik auf einer Klippe steht und sagt: »Wisst Ihr was, das ist mir alles nicht schwer genug. Daher werde ich mir jetzt mal die Augen verbinden und eine Pirouette drehen, bevor ich abtauche.«

Noch einmal: Achten Sie darauf, dass Ihr Spielfeld so eben wie möglich ist. Warten Sie bis nach Ihrer Meditationssitzung, um Ihre Räucherstäbchen anzuzünden oder Ihre Duftkerzen, Ihre Aromalampen – oder was immer sonst Ihr Herz begehrt. Dann werden Sie diese angenehmen Düfte noch mehr zu schätzen wissen, weil Sie viel mehr präsent dafür sind.

Es ist viel zu laut zum Meditieren, egal wie viele Fenster ich schließe.

Es ist niemals »viel zu irgendwas« zum Meditieren.

Die Lärmbelastung erreicht heutzutage epidemische Ausmaße. Wenn Sie Ihren ständigen Wohnsitz nicht gerade auf einem Berggipfel in Nepal, in einem Studio für Hörtests oder auf dem Mond haben, liegen die Chancen, dass Sie von ungewollten Klängen und Lärm umgeben sind, bei hundert Prozent. Das heißt aber nicht, dass Sie nicht meditieren können. Im Gegenteil, ungewollter Lärm kann sogar den Anstoß zu einem tieferen meditativen Erlebnis geben, denn er zwingt Sie, kreativ zu werden.

Wie ich schon sagte: Bevor Sie sich zum Meditieren hinsetzen, sollten Sie alles tun, um störende Geräusche zu minimieren. Schließen Sie die Fenster, schalten Sie das Radio oder den Fernseher aus, bringen Sie Kinder und Partner unter Kontrolle und warten Sie, bis der Gärtner den Rasen gemäht hat. Nachdem Sie alles getan haben, was Sie tun konnten, setzen Sie sich einfach zum Meditieren hin und akzeptieren die Tatsache, dass möglicherweise ungewollte Geräusche in Ihren Raum eindringen.

Es kommt selten vor, dass eine Meditationssitzung völlig geräuschfrei verläuft. Sie könnten zum Beispiel warten, bis alle zu Bett gegangen sind und das Haus ganz still ist. Dann setzen Sie sich zum Meditieren hin. Und *waah!*... legt die Alarmanlage eines Autos los. Oder die Katze Ihres Nachbarn. Oder Ihr Baby.

Wenn das passiert, nutzen Sie dieses Geräusch als hervorragende Möglichkeit, Ihre Meditationspraxis zu vertiefen. Schalten Sie auf Nackten Klang um, die Technik, mit der Sie in Woche zwei gearbeitet haben, und nehmen Sie das Geräusch nur als Geräusch wahr. Verzichten Sie darauf, es zu benennen, zu kritisieren, zu analysieren und darüber zu urteilen. Üben Sie bis zum Ende der jeweiligen Meditationssitzung mit Nacktem Klang weiter. Am nächsten Tag können Sie immer noch zu Ihrer aktuellen Meditationstechnik zurückkehren.

Meditation kann Ihnen helfen, eine völlig neue Art des Umgangs mit dem zu entwickeln, was Sie für übermäßigen oder ungewollten Lärm halten. Erinnern Sie sich: »Nur die Fakten, Ma'am.« Es ist nur Klang. Lassen Sie ihn ansteigen, leiser werden und verschwinden. Je mehr Sie loslassen, desto weniger wird er Sie ärgern.

Wo wir gerade von Klang sprechen, ich habe diese Kultursendung gesehen, in der Mönche gezeigt wurden, die so genannte Mantras gesungen haben. Was hat es damit auf sich? Und kann ich es einsetzen?

Ganz einfach gesagt ist Mantra-Meditation eine Praxis, die es in der buddhistischen Tradition, aber auch in anderen Traditionen gibt und in der sich der Praktizierende auf die Wiederholung eines bestimmten Klanges, Wortes, Satzes oder Gebets konzentriert. Die Silbe »Om« gehört zu den am besten bekannten und beliebtesten Mantras.

Die *8-Minuten-Meditation* ist so konzipiert, dass sie möglichst unaufdringlich ist und es Ihnen erlaubt, überall zu meditieren, ohne dass Sie irgendjemanden stören. Mantras werden normalerweise laut gesungen, oft sogar so laut wie möglich. Das kann nicht nur störend auf andere wirken, sondern auch bewirken, dass Sie unnötig viel Aufmerksamkeit auf sich ziehen. Stellen Sie sich doch mal vor, Sie sitzen in der 3:10-Uhr-Maschine nach Dallas, Texas, und singen dort acht Minuten lang laut »Om«. War das nicht der Grund, warum wir Sky Marshals haben?

Wenn Sie Ihr achtwöchiges Meditationsprogramm abgeschlossen haben, steht es Ihnen frei, die Mantra-Meditation zu erforschen oder irgendeine andere Meditationsrichtung, die Sie begeistert. Doch im Moment und für den Rest dieses Programms erinnern Sie sich bitte an die Gebrauchsanweisung »Überlassen Sie das Fahren uns« und halten Sie sich daran.

Sie machen das prima! Wenn dies Ihr siebter Tag ist, lesen Sie weiter und beginnen mit der nächsten Woche.

Woche fünf
Dankend ablehnen

WO SIE STEHEN

Herzlichen Glückwunsch! Sie sind halb durch mit Ihrem 8-Minuten-Meditationsprogramm und stehen am Anfang Ihrer fünften Woche als Meditierender. Zu diesem Zeitpunkt haben Sie 28 Meditationssitzungen hinter sich gebracht. Das sind 224 Minuten – mehr als drei Stunden Meditationszeit. Sie machen das unglaublich gut.

In dieser Woche werden wir eine Meditationstechnik erforschen, die ich »dankend ablehnen« nenne. Diese Technik wird Ihnen helfen, Ihre wachsende Fähigkeit, lästigen Gedanken zu begegnen und sie zu begrüßen, weiterzuentwickeln.

Ich sagte es bereits, aber es kann nicht schaden, es zu wiederholen: Grundsätzlich ist nichts daran auszusetzen, dass man denkt. Sie brauchen einen gesunden, gut arbeitenden Geist, um überleben, Ihren Beruf ausüben, für Ihre Familie sorgen und sich daran erinnern zu können, welche der Zahnbürsten auf dem Regalbrett Ihre ist. Es ist auch nicht diese Art von Denken, von der ich hier spreche. Es ist die andere Art – das unnütze, negative, unwahre Denken, das Ihr Bewusstsein verwirrt und verstopft und Sie daran hindert, in Frieden zu leben.

Wenn Sie in den letzten vier Wochen auf den ununterbrochenen Strom Ihrer Gedanken geachtet haben, ist Ihnen vermutlich etwas Bemerkenswertes aufgefallen: Nützliche, bedeutende und wesentliche Gedanken machen nur einen winzigen Teil dessen aus, was Ihnen durch den Kopf geht. Es sind die unnützen, wenig hilfreichen und oft sogar schmerzlichen Gedanken, die vorherrschen.

»Dankend ablehnen« ist eine Technik, die Ihnen helfen kann, eine neue und bessere Art des Umgehens mit geistigem Müll zu entwickeln. Dafür ist nichts weiter erforderlich, als dass Sie bestimmt und höflich auftreten.

WAS AUF SIE ZUKOMMT

Die Meditationstechnik des dankenden Ablehnens soll Ihnen helfen, den Fluss der schwafelnden Gedanken bereits kurz hinter der Quelle zum Versiegen zu bringen. Lassen Sie mich verdeutlichen, was ich damit meine:

Stellen Sie sich Ihre Gedanken als eine endlos lange Schlange von Vertretern vor. Die stehen vor Ihrer Haustür und haben alles Mögliche zu verscherbeln, vom Staubsauger bis zum Handy, aber nichts, woran Sie auch nur annähernd interessiert sind. Sie wollen nichts kaufen. Alle paar Sekunden klopft ein neuer Vertreter an Ihre Tür und hört nicht auf zu klopfen, bis Sie aufmachen. Und wenn Sie aufmachen, fängt er sofort an, seine Ware anzupreisen, und lässt kein Nein als Antwort gelten.

Wie werden Sie diesen lästigen Störenfried am besten los, ohne dabei die Nerven oder den Verstand zu verlieren?

Am besten machen Sie die Tür auf, schauen ihm in die Augen und sagen höflich aber bestimmt: »Nein danke.«

Dann schließen Sie schnell die Tür. Indem Sie das tun, bleiben Sie außen vor und verheddern sich weder in der Situation noch verlieren Sie die Nerven. Diese Angreifer werden Sie nicht in Ruhe lassen, aber dennoch können Sie sachlich mit ihnen umgehen, also in einer Weise, die Ihnen keinen Stress macht und Sie nicht aufregt – und die in der Tat recht friedlich sein kann. Das bezeichne ich als »dankend ablehnen«.

Behalten Sie dieses Beispiel im Hinterkopf, wenn Sie diese Woche meditieren. Ihre Gedanken sind wie eine endlose Reihe von Vertretern, die ununterbrochen Ihre Aufmerksamkeit haben wollen. Und Sie gehen genau so mit ihnen um: Sie machen die Tür auf, schauen ihnen in die Augen und dann weigern Sie sich höflich aber bestimmt, sie hereinkommen zu lassen.

Also los.

DIE MEDITATIONSANWEISUNGEN FÜR DIESE WOCHE: DANKEND ABLEHNEN

Vorbereitung

- Stellen Sie Ihren Timer auf acht Minuten.
- Nehmen Sie Ihre Meditationshaltung auf dem Stuhl ein – bequem und gleichzeitig wachsam.
- Schließen Sie sanft die Augen.
- Nehmen Sie einen tiefen Atemzug, der Ihre momentanen Sorgen, Hoffnungen und Träume »zusammenfegt«. Halten Sie die Luft einen Augen-

blick. Und »seufzen« Sie sie dann langsam wieder aus.
- Noch einmal. Tief einatmen. Halten. Jede noch vorhandene Spannung loslassen.
- Starten Sie Ihren Timer.

Anleitung
- Bleiben Sie ohne Anstrengung mit Ihrer Aufmerksamkeit bei Ihrem Atem.
- In Kürze wird ein Gedanke bei Ihrem Bewusstsein vorsprechen – wie ein ungebetener Vertreter, der an Ihre Tür klopft.
- Seien Sie sich bewusst, dass der Gedanke da ist und Ihre Aufmerksamkeit einfordert.
- Weigern Sie sich höflich aber bestimmt, sich auf den Gedanken einzulassen.
- Kehren Sie mit Ihrer Aufmerksamkeit zu Ihrem Atem zurück. Bleiben Sie still sitzen, bis ein anderer Gedanke an Ihre Tür klopft.
- Eine weitere höfliche Weigerung, sich auf diesen Gedanken einzulassen.
- Kehren Sie wieder zu Ihrem Atem zurück. Lehnen Sie dankend ab, was immer abgelehnt werden muss.
- Tun Sie das, bis Ihr Timer klingelt.
- Üben Sie diese Technik eine Woche lang jeweils acht Minuten am Tag.

WIE KLAPPT ES?

Nun, nachdem Sie einen Geschmack davon bekommen haben, was »dankend ablehnen« bedeutet, haben Sie auch erfahren, wie friedlich Sie sich fühlen können, wenn Sie sich nicht in ungewollte, belanglose und negative Gedanken verwickeln lassen.

Es ist allerdings nicht immer leicht, dankend abzulehnen. Ihre Gedanken versuchen ständig, Sie davon zu überzeugen, dass das, was sie Ihnen zu verkaufen versuchen, für Ihr Überleben wichtig ist, und dass Sie zuhören müssen – jetzt sofort!

Hier können gute Meditationspraktiken wie das dankende Ablehnen einen großen Unterschied machen – selbst wenn sie nur acht Minuten am Tag durchgeführt werden. Sie geben Ihnen den Raum, den Sie brauchen, um sich nicht auf das Verkaufsgespräch einzulassen.

Sie können die Technik des dankenden Ablehnens auch auf Körperempfindungen anwenden. Wenn eine fordernde Körperempfindung vor Ihrer Tür steht, behandeln Sie sie genau wie einen ungewollten Gedanken: Sie lehnen dankend ab und lassen sich nicht darauf ein.

Und es gibt noch einen 8-Minuten-Meditationsbonus: Das dankende Ablehnen ist ein fantastisches Mittel, das jeden Tag zum Einsatz kommen kann. Besonders hilfreich ist es im Umgang mit Telefonverkäufern, Fernsehwerbung und Kindern, die gerade einen Wutanfall haben.

FRAGEN UND ANTWORTEN: KÖRPERLICHE UND GEISTIGE STÖRUNGEN

Ich kann meine sich ständig wiederholenden Gedanken nicht zum Schweigen bringen.

Über diese Herausforderung habe ich letzte Woche im Zusammenhang mit Liedern und Liedtexten gesprochen. Schauen wir uns das Ganze noch einmal im Zusammenhang mit sich ständig wiederholenden Gedanken an.

Zunächst sollten Sie wissen, dass Sie nicht allein sind in der Abteilung *Sich ständig wiederholende Gedanken*. Jeder Meditierende, vom Anfänger bis zum Meister, erlebt sie irgendwann. Ich meditiere jetzt seit mehr als fünfundzwanzig Jahren und werde immer noch aus dem Hinterhalt von sich ständig wiederholenden Gedanken überfallen, wenn auch nicht mehr annähernd so oft wie früher.

Was geht hier vor? Warum scheint Ihr Geist auf Angriff zu schalten, wenn Sie meditieren? Warum bombardiert er Sie mit wiederholt abgespielten Werbesongs für Fastfood, mit den Erkennungsmelodien alter Fernsehsendungen und, noch schlimmer, mit nervenaufreibenden Erlebnissen wie dem Streit, den Sie heute Morgen mit Ihrem Chef hatten? Es ist, als sei eine teuflische, auf »Sofortwiederholung« programmierte Maschine irgendwo in Ihrem Kopf versteckt. Und diese Maschine hat sich verklemmt, so dass Sie gezwungen sind, sich dieselbe Szene immer und immer wieder anzuschauen.

Aber Meditation kann Ihnen helfen, das Programm zu löschen. Sie müssen nichts Besonderes tun und auch keine neue Meditationstechnik erlernen, denn zwischen einem zufälligen und einem sich ständig wiederholenden Gedanken gibt es nur einen Unterschied: Letzterer kehrt immer wieder. Sie brauchen also nichts weiter zu tun, als genau so mit ihm umzugehen, wie Sie mit einem einzelnen Gedanken umzugehen gelernt haben.

Das heißt: Wenn ein sich ständig wiederholender Gedanke zurückkommt, gehen Sie so mit ihm um, als sei er zum ersten Mal aufgetaucht: Sie lassen ihn zu und dann lassen Sie ihn weiterziehen. Das ist ganz im Einklang mit den bekannten Gebrauchsanweisungen »Zulassen... zulassen... zulassen« und »Fangen und freilassen«.

Wie viel Mal müssen Sie das tun? So oft wie der sich wiederholende Gedanke sich wiederholt. Aber keine Sorge, es geht nicht ewig so weiter. Wie jeder andere Gedanke zieht auch ein sich wiederholender Gedanke irgendwann davon. Alles, was Sie tun müssen, ist, sich entspannen, beobachten – und es überleben.

Was ist, wenn ich beim Meditieren körperliche Schmerzen habe?

Dann hören Sie sofort auf zu meditieren!

Es ist nicht ungewöhnlich, dass man ein leichtes körperliches Unwohlsein empfindet, wenn man mit nicht abgestütztem Rücken meditiert. Dieses Unwohlsein sollte allerdings schwächer werden, wenn Sie mit Ihrer täglichen Meditationspraxis fortfahren. Und denken Sie an das, was ich im Abschnitt über Sitzhaltungen gesagt habe: Wenn Sie auf dem Stuhl sitzen und sich anlehnen müssen, weil Sie Halt brauchen, dann tun Sie das.

Die Wahrscheinlichkeit, dass das acht Minuten lange Sitzen auf einem Stuhl Ihnen Schmerzen bereitet, ist äußerst gering. Doch wenn das jemals der Fall sein sollte, hören Sie sofort auf zu meditieren und tun Sie, was immer nötig ist, um die Situation in Ordnung zu bringen.

Ich muss ganz dringend zur Toilette!
Soll ich aufhören zu meditieren?
Die meisten von uns können ihre Blase acht Minuten lang unter Kontrolle halten.

Doch wenn der Drang zur Toilette zu gehen sich jemals bei Ihnen meldet, sollten Sie meine patentierte »Ich muss Pipi! Jetzt sofort!«-Meditation ausprobieren. Was Sie tun, ist ganz einfach: Erlauben Sie jedem Gedanken, jedem Gefühl und jeder Körperempfindung rund um die Überzeugung, dass Sie Pipi müssen, *und zwar jetzt, in diesem Moment*, aufzutauchen und lassen Sie all das dann wieder los.

Sie denken vielleicht, ich mache Witze, aber weit gefehlt. Diese Meditationstechnik kann sehr nützlich sein, denn Sie zeigt Ihnen deutlich, wie Ihr Geist etwas aufnimmt, das vielleicht nur eine leichte körperliche Befindlichkeitsstörung ist, und es verstärkt. Oder wie er Gedanken erzeugen kann, die Sie wütend auf sich selbst machen, weil Sie nicht zur Toilette gegangen sind, bevor Sie sich zum Meditieren hingesetzt haben. Oder wütend auf ein Familienmitglied, das Sie so in Anspruch genommen hat, dass Sie keine Gelegenheit hatten, zur Toilette zu gehen. Oder die Sie peinlich berühren, weil Ihnen gleich »ein Missgeschick« passieren wird.

Beobachten Sie einfach all diese Gedanken, Gefühle und Körperempfindungen, die hochkommen und wieder verschwinden. Ehe Sie sich versehen, wird Ihr Timer klingeln und Sie sind durch.

Dann können Sie zur Toilette gehen.

Sie machen das prima! Wenn dies Ihr siebter Tag ist, lesen Sie weiter und beginnen mit der nächsten Woche.

Woche sechs
Mein
persönlicher Film

WO SIE STEHEN

Sie stehen am Beginn der sechsten Woche Ihres 8-Minuten-Meditationsprogramms. Bis jetzt haben Sie fünfunddreißig Meditationssitzungen hinter sich. Super!

Wenn Sie sich an das Programm gehalten und täglich meditiert haben, sind Sie jetzt wahrscheinlich an einem Punkt angelangt, wo

- das Meditieren müheloser und ein Teil Ihres täglichen Lebens geworden ist;
- Ihre achtminütigen Meditationssitzungen Sie immer tiefer führen, an einen Ort des Friedens und der Ruhe – und das sehr viel schneller als früher.

Wenn sich so etwas einstellt, kann das bedeuten, dass Sie kurz davor sind, Ihr meditatives Aha-Erlebnis zu haben. Das ist ein tiefes, aus dem Bauch kommendes, nicht-intellektuelles Verstehen – so etwas wie der »kosmische Klick«, ein Zeichen dafür, dass es gefunkt hat und Sie mit Ihrer Meditationspraxis auf einer neuen Ebene angelangt sind.

Aha-Erlebnisse sind nichts Mystisches und in der Tat haben Sie im Laufe Ihres Lebens schon viele davon gehabt. Zum Beispiel so eines:

Erinnern Sie sich, wie Sie als Kind Fahrradfahren gelernt haben? Mama oder Papa hat Stützräder rechts und links am Hinterrad Ihres Fahrrads angebracht, damit Sie ein »Gefühl« für das Fahrradfahren bekommen konnten, ohne umzukippen.

Dann kam der große Tag: Sie sollten zum ersten Mal ganz allein Fahrrad fahren. Die Stützräder wurden abgeschraubt. Sie stiegen auf Ihr Fahrrad und traten in die Pedale. Mama und Papa oder die große Schwester rannten neben Ihnen her, um Ihnen noch einen Moment lang Halt zu geben. Dann, plötzlich, ließen sie los!

Und alles ging wie von selbst. Es hatte gefunkt!

Sie fuhren Fahrrad, ohne jede Unterstützung und perfekt im Gleichgewicht. Und in diesem Moment, in dem alles zusammenkam, nickte etwas tief in Ihnen und jenseits Ihres denkenden Verstandes zustimmend und *wusste Bescheid*.

Aha!

Wenn Sie so etwas beim Meditieren schon erlebt haben, werden Sie verstehen, wovon ich spreche. Wenn nicht, machen Sie sich keine Sorgen; das bedeutet nicht, dass Sie dem Meditieren nicht gewachsen sind. Meditieren Sie einfach weiterhin täglich acht Minuten lang, ohne sich zu fragen, ob das heute der Aha-Tag wird.

Irgendwann werden die Stützräder ganz von allein abfallen.

WAS AUF SIE ZUKOMMT

Diese Woche arbeiten Sie mit einer Meditationstechnik namens »Mein persönlicher Film«. Der Ankerpunkt für diese Meditation ist die virtuelle Filmleinwand in Ihrem Kopf.

Mein Freund, Josh Baran, ging mit neunzehn Jahren in ein Zen-Kloster. Nachdem er sieben Jahre lang als Mönch gelebt hatte, kehrte er nach Los Angeles zurück und eröffnete eine kleine PR-Agentur für gemeinnützige Zwecke. In Windeseile wurde Josh einer der meist gefragten PR-Berater des Landes und mittlerweile berät er bekannte Geschäftsleute und Hollywoodstars ebenso wie den Dalai Lama.

Den Menschen, die zu ihm kommen, um meditieren zu lernen, empfiehlt Josh die Technik »Mein persönlicher Film«. Er mag sie, weil es dabei um etwas geht, was jeder schon meisterhaft beherrscht: das Betrachten eines Computer- oder Fernsehbildschirms oder einer Filmleinwand. »Mein persönlicher Film« passt auch sehr gut zu diesem Meditationsprogramm. Ihre achtminütigen Meditationssitzungen sind nämlich exakt so lang wie die Filmsequenz zwischen zwei Werbeblöcken am Ende einer Fernsehsendung. Es ist also, als schauten Sie sich Ihre Lieblingssendung im Fernsehen an – extra für Sie geschrieben. Probieren Sie die folgende Mini-Meditation, um einen Geschmack von dieser Meditationstechnik zu bekommen:

- Atmen Sie tief ein und aus und schließen Sie sanft die Augen.
- Lassen Sie alle möglichen visuellen Bilder auftauchen, ohne sie zu unterdrücken.
- Stellen Sie fest, ob es eine Fläche in Ihrem Kopf gibt, auf die jene Bilder projiziert werden.
- Machen Sie das etwa zwei Minuten lang.
- Öffnen Sie die Augen.

Ist Ihnen, während Sie diese Mini-Meditation gemacht haben, aufgefallen, dass Ihre visuellen Bilder auf eine Art Bildschirm direkt hinter Ihren Augen projiziert zu sein scheinen? Bei der Meditationstechnik »Mein persönlicher Film« wird Ihnen dieser geistige Bildschirm als Ankerpunkt dienen, als der Ort, an dem Sie sanft aber hellwach mit Ihrem Bewusstsein verweilen, während Sie meditieren. Von hier aus schauen Sie sich die Bilder an, die auf den Bildschirm projiziert werden. Wenn Gedanken auftauchen, tun Sie das, was Sie beim Meditieren immer tun: zur Kenntnis nehmen, dass Gedanken da sind, und dann mit der Aufmerksamkeit zu Ihrem Ankerpunkt zurückkehren.

Denken Sie daran: Auch hier heißt das entscheidende Wort *beobachten*. Sie brauchen nichts weiter tun, als Ihren Bildschirm zu beobachten. Es ist nicht nötig, dass Sie einen Sinn in dem Film erkennen, der hier zufällig gezeigt wird. Überlassen Sie das den Genies aus Hollywood.

An dieser Stelle möchte ich Sie an die beiden beliebtesten Gebrauchsanweisungen und ihre Anwendung auf diese Technik erinnern:

- **Zulassen ... zulassen ... zulassen.** In der Meditation wird alles einbezogen – und nichts ausgeschlossen. Sie brauchen sich nicht zu fragen, warum gerade ein Bild von Rindfleisch mit Brokkoli aufgetaucht ist. Es ist eben aufgetaucht. Kein Problem. Lassen Sie es einfach zu.
- **Fangen und freilassen.** Sobald Sie feststellen, dass Sie ein visuelles Bild am Haken haben, lassen Sie es wieder los. Betrachten Sie Ihren persönlichen Film als so etwas wie eine endlose Diaschau. Ein Dia leuchtet

auf, bleibt eine oder zwei Sekunden lang auf dem Bildschirm und wird dann durch ein anderes ersetzt. Und durch noch eines.

Ihr persönlicher Film bietet Ihnen eine schöne Möglichkeit, die unzähligen, ununterbrochen auftauchenden mentalen Bilder zu beobachten, die zusammen die Idee dessen formen, was Sie als »Ich« bezeichnen. Auch wenn Ihre Augen beim Meditieren geschlossen sind, werden Ihnen die Meditationen dieser Woche im wahrsten Sinne des Wortes die Augen öffnen.
Fangen wir also an.

DIE MEDITATIONSANWEISUNGEN FÜR DIESE WOCHE: MEIN PERSÖNLICHER FILM

Vorbereitung
- Stellen Sie Ihren Timer auf acht Minuten.
- Nehmen Sie Ihre Meditationshaltung auf dem Stuhl ein – bequem und gleichzeitig wachsam.
- Schließen Sie sanft die Augen.
- Nehmen Sie einen tiefen Atemzug, der Ihre momentanen Sorgen, Hoffnungen und Träume »zusammenfegt«. Halten Sie die Luft einen Augenblick. Und »seufzen« Sie sie dann langsam wieder aus.
- Noch einmal. Tief einatmen. Halten. Jede noch vorhandene Spannung loslassen.
- Starten Sie Ihren Timer.

Anleitung

- Gehen Sie mit Ihrer Aufmerksamkeit zu Ihrem »inneren Bildschirm«, der sich direkt hinter Ihren Augen befindet. Das ist Ihr Ankerpunkt.
- Ein Bild erscheint auf dem Bildschirm. Es kann das Bild von irgendetwas sein, auf alle möglichen Arten projiziert: verschwommen, klar, schwarz-weiß, in wilden Farben ...
- Schauen Sie sich dieses Bild nur an, ohne es zu beurteilen, zu analysieren oder in Frage zu stellen.
- Erlauben Sie diesem Bild, seinen Tanz zu tanzen. Es wird möglicherweise intensiver. Vielleicht verschwindet es plötzlich. Es könnte auch von einem neuen Bild überblendet werden. Erlauben Sie ihm zu tun, was immer es will.
- Schauen Sie sich dieses Spiel der Bilder nur an. Lassen Sie sie kommen und gehen. Erfinden Sie keine Geschichten dazu. Sie sind nur der Betrachter, nicht der Autor, der Hauptdarsteller oder der Regisseur dieses Films.
- Beim Denken erwischt? Gut. Nehmen Sie es zur Kenntnis. Lassen Sie den Gedanken wieder los. Ohne sich auch nur im Geringsten dafür zu verurteilen. Bringen Sie Ihre Aufmerksamkeit zu Ihrem Konzentrationspunkt zurück, Ihrem inneren Bildschirm.
- Tun Sie das, bis Ihr Timer klingelt.
- Üben Sie diese Technik eine Woche lang jeweils acht Minuten am Tag.

WIE KLAPPT ES?

Sie brauchten vermutlich nicht lange zu warten, bis sich ein Bild auf Ihrer Projektionsfläche zeigte. Sie haben die Augen zugemacht und – *voilà!* – da war es schon. Und Ihr Verstand hat sich vermutlich sofort eingeschaltet und seine Arbeit gemacht, indem er sich eine logische, zusammenhängende Geschichte über das, was Sie gesehen haben, ausgedacht hat. Die »Mein persönlicher Film«-Meditation soll Ihnen helfen, sich dieser gleichförmigen Gewohnheit deutlicher bewusst zu werden – und sie letztendlich zu brechen. Und damit meine ich Folgendes:

Wenn Sie nur neutral betrachten, was auf Ihrem privaten Bildschirm erscheint, verringert sich der Drang, etwas damit anzufangen. Das bedeutet, dass Sie sich tiefer auf Frieden und Ruhe einlassen. Ihr Stresslevel sinkt und gibt Ihnen genügend Raum zu erkennen, wie wenige Ihrer Gedanken die herausragende Bedeutung, die Sie ihnen geben, überhaupt verdient haben.

Newton Minow, der frühere Vorsitzende der *Federal Communications Commission* (US-Bundesausschuss für Kommunikation), bezeichnete das Fernsehen einmal als »riesigen Abfallhaufen«. Dasselbe trifft auf das Programm zu, das von dem Fernsehschirm in Ihrem Kopf ausgestrahlt wird. Und das gehört zu den großen Geschenken der Meditation: Sie erlaubt Ihnen, durch dieses Durcheinander zu waten und Platz zu schaffen für das, was wirklich wichtig ist: Frieden und Glück.

FRAGEN UND ANTWORTEN: ZWEIFEL UND ÄNGSTE

Mittlerweile sollte ich eigentlich schon viel weiter sein mit meiner Meditation. Immerhin meditiere ich schon seit mehr als fünf Wochen!
Schon fünf Wochen ... ganz schön lang, was?

Es ist absolut verständlich, dass Sie einen Hinweis darauf haben wollen, dass sich die harte Arbeit gelohnt hat, dass Sie irgendwo hingekommen sind. Aber wie ich schon *gaaanz* vorn in Teil eins sagte: Meditation ist ein Prozess, ein Weg und kein Ziel. Es gibt in Wirklichkeit keinen Ort, an dem Sie ankommen müssen. Das heißt aber nicht, dass Sie keine Fortschritte machen können. Natürlich können Sie. Hier ein paar Beispiele, die illustrieren sollen, was ich mit Fortschritt meine:

- Das Gefühl, wacher und gleichzeitig ruhiger zu sein. Dies geht Hand in Hand mit dem Gefühl, mehr im gegenwärtigen Moment präsent zu sein – mehr im Hier und Jetzt statt anderswo oder wannanders.
- Das Gefühl, emotional mehr gefestigt zu sein und sich weniger leicht von den Höhen und Tiefen auf der Achterbahn des Lebens aus dem Gleichgewicht bringen zu lassen, nicht einmal angesichts schwieriger Herausforderungen.
- Die sich vertiefende Fähigkeit, während der Meditation das Aufsteigen und Weiterziehen von Gedanken, Bildern und Empfindungen zu verfolgen.

Und hier ist noch etwas, das Sie tun können, um festzustellen, wie weit Sie in den letzten sechs Wochen gekommen sind. Probieren Sie meine Methode zur Überprüfung von Meditationsfortschritten aus. Nehmen Sie sich ein paar Minuten Zeit, schließen Sie die Augen und denken Sie, ohne sich selbst unter Druck zu setzen, über die folgende Frage nach:

Wie fühle ich mich heute im Gegensatz zu vor sechs Wochen?

Nun, was ist Ihnen eingefallen? Vielleicht haben Sie die Kennzeichen des Fortschritts anvisiert, die ich gerade beschrieben habe. Vielleicht andere. Aber etwas ist Ihnen unter Garantie aufgefallen, nämlich, dass *Sie heute viel wacher und präsenter sind als vor sechs Wochen.*

Das allein ist ein gewaltiger Fortschritt. Glückwünsche sind angebracht.

Während ich meditierte, bin ich plötzlich in Tränen ausgebrochen. Das hat mich aus der Fassung gebracht.

Regen Sie sich nicht auf. Es ist völlig normal, dass sowohl während als auch nach einer Meditationssitzung intensive Gefühle hochkommen.

Meditation erlaubt uns, Dampf abzulassen – in der besten, positivsten und am wenigsten destruktiven Weise, die möglich ist. Die folgende Analogie macht Ihnen verständlich, was ich meine:

Stellen Sie sich vor, dass Sie ein dicht verschlossener, blubbernder Kessel sind, aus dessen Tiefen Dampf aufsteigt. Dieser »Dampf« besteht aus Ihren versteckten, tief sitzenden Gefühlen und Gedanken. Es spielt übrigens keine Rolle, worum es sich bei diesen Gefühlen und Gedanken handelt und wie sie ursprünglich in den Kessel gelangt sind.

Nun fügen wir Meditation hinzu. Stellen Sie sich die Meditation als eine Art Katalysator vor, der den Druck im Innern des Kessels erhöht, bis der Deckel ihm nicht länger standhalten kann – und weg ist er.

Und während der Deckel in die Luft fliegt, entweicht der Gefühlsdampf in Schwaden aus dem Kessel, was manchmal mit sehr heftigen Äußerungen jener unzähligen Gefühle und Gedanken einhergeht.

Wie gehen Sie mit den emotionalen Vulkanen um, die auszubrechen drohen, während Sie meditieren? Auf genau die gleiche Weise, wie Sie mit allem und jedem anderen umgehen, was während der Meditation auftaucht. Sie lassen zu … lassen zu … lassen zu. Sie fangen und lassen frei. Sie atmen tief durch – und kehren zu Ihrer Meditationstechnik zurück. Kurz, Sie tun, was immer in diesem Moment für Sie funktioniert.

Das Loslassen tiefer Emotionen während der Meditation bietet Ihnen die große Chance, das praktisch anzuwenden, was Sie in den letzten paar Wochen gelernt haben. Flüchten Sie nicht davor, sondern profitieren Sie davon.

Ich befürchte, dass ich durch das Meditieren zu »gelassen« werde und dadurch bei der Arbeit, in der Schule und beim Sport an Leistungsfähigkeit verliere.

Einfaches tägliches Meditieren wird Ihre Leistungsfähigkeit nicht dämpfen, sondern eher stärken.

Doch ich weiß: Sie brauchen das Wort *Meditation* ja nur zu erwähnen und schon sehen die Leute Mönche mit glatt rasierten Schädeln, die in irgendeinem abgelegenen Kloster herumlungern, nichts tun und – natürlich – nirgendwohin gehen. Das ist übrigens weit von der Wahrheit entfernt. Mönche arbeiten genauso hart wie wir alle. Vielleicht sogar noch härter.

Nichtsdestoweniger wirkt diese ungerechtfertigte Gleichsetzung von Meditation und Trägheit nicht gerade Vertrauen erweckend auf diejenigen von uns, die vielleicht gerade eine Nachtschicht einlegen, um einen Antrag auf Berufung fristgerecht abgeben zu können; ein paar Extra-Kilometer laufen, um für den nächsten Marathonlauf zu trainieren, oder sich auf ein Abschlussexamen vorbereiten.

In Wirklichkeit trifft genau das Gegenteil zu: Die Meditationspraxis dämpft Ihre Leistungsfähigkeit nicht – sie stärkt sie. Wie Sie wissen, habe ich mit dem Meditieren begonnen, als ich im dritten Semester Jura studierte und mich nicht gerade in einer Umgebung befand, die dafür bekannt ist, dass sie Faulheit und Trägheit unterstützt. Darauf folgten mehr als zwanzig Jahre Berufsleben als Rechtsanwalt und Produzent sowie als Autor in der Unterhaltungsbranche, wo grünes Licht für ein Projekt zu bekommen etwa so schwierig ist wie das Wenden eines Kreuzfahrtschiffes mit einem Segelboot.

In dieser ganzen Zeit spielte die Meditation eine entscheidende Rolle für meinen Erfolg. Es hat bei mir funktioniert und es kann bei Ihnen funktionieren. Und warum? Weil regelmäßiges, tägliches Meditieren die Bühne bereitet, auf der sich die untrügliche und natürliche Intelligenz in Ihrem Innern mühelos zum Ausdruck bringen kann. Das ist die intuitive Weisheit, die ganz genau weiß, was Sie tun müssen und wie es am besten und effektivsten zu bewerkstelligen ist. Das bedeutet, dass Sie ganz mühelos viel angemessener, effizienter und produktiver handeln.

Meditation kann positive Veränderungen in Ihr Leben bringen. Also keine Angst. Das Meditieren wird Sie nicht behindern, sondern Ihnen beim Weiterkommen helfen.

Sie machen das prima! Wenn dies Ihr siebter Tag ist, lesen Sie weiter und beginnen mit der nächsten Woche.

Woche sieben
Liebende-Güte-
Meditation

WO SIE STEHEN

Herzlichen Glückwunsch! Sie haben Woche sieben erreicht. Sie befinden sich sozusagen in der Nordkurve und nähern sich allmählich der Zielgeraden Ihres 8-Minuten-Meditationsprogramms.

Inzwischen haben Sie die Meditationspraxis in Ihr Leben integriert. Sie ist ein Teil Ihrer täglichen Routine geworden wie das morgendliche Duschen oder Zähneputzen. Das ist ein sicheres Zeichen dafür, dass Sie allmählich verstanden haben, dass das Meditieren keine großartige mystische Angelegenheit ist. Es ist eher ein Spaziergang im Park als ein Besuch in Swami Sowiesonandas Königreich des Glücks.

Mittlerweile sind Sie ein richtiger Meditierender mit einer ernsthaften Meditationspraxis, die immer intensiver wird. Sie haben den Punkt erreicht, an dem Sie Meditation nicht mehr für etwas halten, das Sie hinter sich bringen *müssen*, sondern vielmehr für etwas, das Sie tun *wollen* und das Sie *brauchen*. Sie wissen, dass sie Ihr Leben verändert – zum Besseren.

In den vergangenen sechs Wochen haben Sie in der Meditation große Fortschritte gemacht und dafür verdienen Sie eine längere Umarmung und ein anerkennendes Schulterklopfen. Und genau das werden Sie auch bekommen. Diese Woche werde ich Sie mit einer anderen, einer ganz besonderen Art von Meditation bekannt machen. Sie heißt Liebende-Güte-Meditation und »schmeckt nicht nur besonders gut«, sondern wird Ihnen auch besonders gut tun.

Fahren wir also fort.

WAS AUF SIE ZUKOMMT

Bis hierher ging es in Ihrem 8-Minuten-Meditationsprogramm vorrangig um die Entwicklung von Bewusstseinsmuskeln mit Hilfe von Konzentrations- und Achtsamkeitstechniken. In dieser Zeit ist es Ihnen hoffentlich gelungen, ein neues, eher akzeptierendes Verhältnis zu Ihren Gedanken und Gefühlen zu entwickeln.

Diese Woche werden Sie eine Technik kennen lernen, die zu einem reicheren und mehr akzeptierenden Verhältnis zwischen Ihnen und Ihrem Herzen beitragen kann. Sie heißt Liebende-Güte-Meditation und es geht dabei ganz einfach darum, dass Sie der ganzen Welt – und allem voran *sich selbst* – Ihre besten Wünsche schicken. Genau wie Nächstenliebe beginnt auch Liebende Güte zu Hause.

Eine Frage: Wann haben Sie sich selbst zum letzten Mal Liebe und Freundlichkeit von anderen gewünscht, und zwar aus keinem anderen Grund als dem, dass Sie absolut berechtigt sind, Liebe und Freundlichkeit zu empfangen?

Wahrscheinlich schon ziemlich lange her, oder?

Uns allen fällt es mehr oder weniger schwer, nett zu uns selbst zu sein. Es ist eine Ironie des Schicksals, dass wir immer genug Herz und Mitgefühl haben, um jemandem zu vergeben, der uns Unrecht getan hat. Aber wehe Sie tun genau das Gleiche. Dann werden Sie wohl kaum Gnade vor Ihrem schärfsten Kritiker finden – *sich selbst!*

Ohne Frage kann jeder von uns ein wenig Hilfe aus der Abteilung Selbstliebe gebrauchen. Und in dieser Hinsicht kann die Liebende-Güte-Meditation ein mächtiger Verbündeter sein. Die Praxis der liebenden Güte rundet die Praxis der Konzentration ab, indem sie zwei Aspekte in eine komplexere Meditationspraxis integriert. Sie können es auch so sehen:

Wir alle wissen, dass ein Vogel zwei starke Flügel braucht, um richtig fliegen zu können. Das gilt auch für Ihre Meditationspraxis. Bis jetzt haben Sie den Flügel der Achtsamkeit und Konzentration entwickelt. Nun ist es Zeit, den anderen Flügel zu entfalten, den der liebenden Güte. Wenn Sie beide Flügel schwingen können, kann Sie Ihre Meditationspraxis wirklich in die Lüfte erheben.

Die 8-Minuten-Meditation der liebenden Güte ist einfach, unmittelbar und angenehm durchzuführen. Doch bevor wir damit anfangen, möchte ich ein Wort zur Sitzhaltung während dieser Meditation sagen. Hier ist nur eins erforderlich, nämlich dass Sie es bequem haben. Sie können sich sogar hinlegen, wenn Sie möchten – natürlich ohne ein »meditatives Nickerchen« zu machen. Doch wenn dies passieren sollte, schimpfen Sie sich um Gottes Willen nicht aus. Setzen Sie sich einfach hin und fangen Sie wieder von vorn an zu meditieren.

Es ist nichts Gezwungenes, nichts Mystisches oder Aufgesetztes an der Liebenden-Güte-Meditation. Sie ist vielmehr ein Ausdruck Ihrer wahren Natur. Wie der

Buddha einst sagte, können Sie die ganze Welt nach einem Menschen absuchen, der Liebe und Güte mehr verdient als Sie selbst – und werden ihn nie finden.

Behalten Sie diese Wahrheit im Hinterkopf, während Sie weiterlesen und mit der Meditation beginnen.

DIE MEDITATIONSANWEISUNGEN FÜR DIESE WOCHE: LIEBENDE GÜTE

Vorbereitung

- Stellen Sie Ihren Timer auf acht Minuten.
- Nehmen Sie Ihre Meditationshaltung auf dem Stuhl ein – bequem und gleichzeitig wachsam.
- Schließen Sie sanft die Augen.
- Nehmen Sie einen tiefen Atemzug, der Ihre momentanen Sorgen, Hoffnungen und Träume »zusammenfegt«. Halten Sie die Luft einen Augenblick. Und »seufzen« Sie sie dann langsam wieder aus.
- Noch einmal. Tief einatmen. Halten. Jede noch vorhandene Spannung loslassen.
- Starten Sie Ihren Timer.

Anleitung

- Erinnern Sie sich an irgendeine gute Tat, die Sie vollbracht haben. Das kann etwas Großes sein, aber auch etwas ganz Kleines, wie jemandem die Tür aufzuhalten.

- Spüren Sie nach, wie Sie sich gefühlt haben, als Sie das taten. Achten Sie auf alle Empfindungen der Wärme und des Fließens, vor allem in Ihrer Brust und in der Herzgegend. Entspannen Sie und erlauben Sie sich, all das *wirklich* zu fühlen.
- Und während Ihr Körper ganz von diesem Gefühl durchdrungen wird, sprechen Sie leise für sich die folgenden Sätze:

Möge ich glücklich sein.
Möge mein Sein von Leichtigkeit erfüllt sein.

- Entspannen Sie sich. Lassen Sie jeden Satz aus dem Innern Ihres Herzens kommen und sich mit dem Gefühl der Liebe und Freundlichkeit verbinden, das Sie empfinden. Lassen Sie sich ganz in dieses Gefühl hineinfallen.

Wiederholen Sie die Sätze:
Möge ich glücklich sein.
Möge mein Sein von Leichtigkeit erfüllt sein.
Bringen Sie sie mit Ihrem ganzen Sein zum Ausdruck.

- Wiederholen Sie nun beide Sätze noch einmal, wobei Sie »ich« und »mein« durch »alle Wesen« und »aller Wesen« ersetzen.

Mögen alle Wesen glücklich sein.
Möge das Sein aller Wesen von Leichtigkeit erfüllt sein.

- Entspannen Sie sich. Lassen Sie die Sätze nachklingen und sich mit Ihrer gefühlten Liebe und Güte vermischen.

- Wiederholen Sie noch einmal: **Möge ich glücklich sein. Möge mein Sein von Leichtigkeit erfüllt sein.**
- Sprechen Sie diese vier Sätze abwechselnd, bis Ihr Timer klingelt.
- Üben Sie diese Technik eine Woche lang jeweils acht Minuten am Tag.

WIE KLAPPT ES?

Sie werden vielleicht erstaunt sein, dass Sie mit dieser einfachen Liebende-Güte-Meditation Schwierigkeiten hatten und auf Widerstand gestoßen sind. Deswegen brauchen Sie sich nicht schlecht zu fühlen, denn damit stehen Sie nicht allein da.

Von einer intellektuellen Warte aus hört sich die Idee, sich selbst die liebevollsten und freundlichsten Wünsche und Gedanken zu schicken, recht einfach an. Aber wenn es dann tatsächlich darum geht, sich selbst genau die besten Wünsche zu schicken, die man jemand anderem schicken würde, kann sich das als echte Herausforderung erweisen. Es ist erstaunlich, wie etwas so Einfaches derart überfrachtet sein kann mit persönlichen Glaubenssätzen und Ansichten über Ehrlichkeit, Selbstsucht und Egoismus.

Wenn Sie ein Problem mit der liebenden Güte haben, schlage ich Folgendes vor: Nehmen Sie es leicht, vergeben Sie sich selbst und betrachten Sie es auf lange Sicht. Ein Beispiel soll illustrieren, was ich damit meine:

Stellen Sie sich vor, dass Sie an einem wunderschönen Oktobernachmittag in Ihrem Garten Tulpenzwiebeln pflanzen. Was erwarten Sie von ihnen? Dass sie morgen um dieselbe Zeit in Blüte stehen? Natürlich nicht. Sie wissen, dass es zum Wachsen und Erblühen einer Blume viel Zeit, eine nährende und förderliche Umgebung und Geduld braucht.

Indem Sie sich mit Liebende-Güte-Meditation beschäftigen, pflanzen Sie auch eine Art von Samen – die der liebenden Güte. Es mag einige Zeit dauern, bis sie zur Blüte gelangen. Doch wie eine Tulpenzwiebel ganz genau weiß, wie und wann sie wachsen und aufblühen muss, weiß das auch Ihr Herz. Sie brauchen nichts weiter zu tun, als Ihren Garten zu bestellen, sich zu entspannen – und zu vertrauen.

Vielleicht zeigen sich die Früchte der Liebende-Güte-Meditation nicht sofort, aber ich kann Ihnen versprechen, dass Sie bereits Samen gesät haben, die früher oder später aufgehen werden.

FRAGEN UND ANTWORTEN: LIEBENDE GÜTE

Ich liebe die Liebende-Güte-Meditation! Kann ich sie länger als acht Minuten praktizieren? Oder auch nach meiner regulären Meditationssitzung?
Auf jeden Fall.

Wenn Sie Spaß an der Liebenden-Güte-Meditation haben, möchte ich Sie ermutigen, diese Praxis auszuweiten und zu vertiefen. Sie können, wann immer Sie möchten, Teil drei dieses Buches aufschlagen, wo Sie mehr Material dazu finden: noch mehr Meditationsanweisungen sowie weitere Fragen und Antworten.

Es gibt auch verschiedene Bücher, die sich mit der Praxis der Liebenden-Güte-Meditation beschäftigen. Ich empfehle die folgenden:

- *Metta-Meditation* von Sharon Salzberg (Arbor). Das »Grundlagenbuch« für jeden, der sich für Liebende-Güte-Meditation interessiert, geschrieben von einer der bedeutendsten Lehrerinnen dieser Meditationsform. Tonträger mit Vorträgen über Liebende-Güte-Meditation und mit von Sharon geführten Meditationen können über die Dharma Seed Tape Library bezogen werden.
- *Radical Acceptance: Embracing Your Life with the Heart of a Buddha* von Tara Brach (Bantam). Tara ist sowohl Therapeutin als auch Meditationslehrerin. Ihr Buch bietet einen hervorragenden Einblick in die Liebende-Güte-Meditation und beschäftigt sich vor allem mit den Hindernissen, die sich aus dem ergeben, was Tara »die Trance der Unwürdigkeit« nennt. Dieses Buch ist unter dem Titel *Radical Self-Acceptance* auch als Audioversion erschienen (Sounds True).
- *Offen wie der Himmel, weit wie das Meer* von Jack Kornfield (Kösel). Jack ist einer der hervorragendsten Lehrer für Einsichtsmeditation in Amerika und Gründer des Spirit Rock Meditation Center. Seine Botschaft ist klar und voller Mitgefühl: Wo immer du auch bist, Frieden und Freundlichkeit sind immer nur einen Atemzug von dir entfernt.

Eins sei allerdings noch gesagt, bevor Sie Ihrer Meditationspraxis noch mehr Liebende-Güte-Meditation hinzufügen: Es ist wichtig, dass Sie die Motive, aus denen Sie dies tun, genau unter die Lupe nehmen. Sollten Sie dabei entdecken, dass Sie nur deshalb so eifrig sind, weil Sie glauben, »wenn ich das nur lange genug mache, empfinde ich wirklich liebende Güte anderen und mir selbst gegenüber«, dann wäre das kein guter Grund, Ihre Liebende-Güte-Meditationspraxis zu intensivieren. Und zwar deswegen:

Mittlerweile sollten Sie wissen, dass der Versuch, irgendeinen Status zu erreichen, im Widerspruch zu dem steht, worum es bei der 8-Minuten-Meditation geht. Er ist sogar praktisch eine Garantie dafür, dass Sie nie erleben, was Sie so unbedingt erleben möchten. Führen Sie Ihre eigenen Untersuchungen durch und sehen Sie, was dabei herauskommt.

Wenn die Liebende-Güte-Meditation Sie ein bisschen glücklicher macht, bin ich froh. Es ist eine großartige Meditationspraxis für jeden Tag, nicht nur für andere, sondern auch für Sie selbst.

Und nun tun wir etwas Erstaunliches, etwas, das Sie noch vor sieben kurzen Wochen für unmöglich gehalten hätten ... Wir beginnen mit der nächsten und (Tatata ... taa!) letzten Woche Ihres 8-Minuten-Meditationsprogramms.

Woche acht
Gemischte Platte

WO SIE STEHEN

Herzlichen Glückwunsch! Sie haben die achte und letzte Woche des 8-Minuten-Meditationsprogramms erreicht.

Wenn Sie nachrechnen, werden Sie herausfinden, dass Sie bis jetzt 392 Minuten lang meditiert haben! Das sind mehr als sechseinhalb Stunden, die Zeit, die Sie gebraucht hätten, um sich die gesamte *Matrix*-Trilogie anzuschauen. Und glauben Sie mir, Sie haben Ihre Zeit sinnvoller verbracht.

In dieser, Ihrer letzten Woche des 8-Minuten-Meditationsprogramms dürfen Sie sich nicht wundern, wenn Sie immer noch das Gefühl haben, dass

- Sie nicht verstehen, was Meditation ist,
- Sie eigentlich schon viel weiter sein sollten,
- das Meditieren jetzt eigentlich viel einfacher sein sollte, aber nicht ist,
- Sie ein »besserer Meditierender« sein sollten,
- Sie ein Versager sind und das Meditieren einfach nichts für Sie ist.

Sie glauben vielleicht, dass Sie das Meditieren in nur sieben Wochen voll und ganz gemeistert haben. Dabei gewesen, mitgemacht, das T-Shirt bekommen und jetzt müssen Sie nie mehr meditieren.

Doch wie Sie mittlerweile wissen und wie ich zu Beginn des Programms sagte: Meditation ist nicht zu leicht – und nicht zu schwer. Es ist also unmöglich, dass Sie ein Versager sind – oder ein Meister. Wahr ist jedoch: In den letzten sieben Wochen haben Sie das Fundament für eine starke Meditationspraxis gelegt, die weiter wachsen wird – und Sie durch Ihr ganzes Leben begleiten kann.

Führen wir also einen kurzen Realitätscheck durch, um festzustellen, wo Sie im Moment mit Ihrer Meditationspraxis angelangt sind:

- Schließen Sie sanft die Augen.
- Atmen Sie tief durch und kommen Sie zur Ruhe.
- Lassen Sie die Ereignisse der letzten paar Tage vor Ihrem inneren Auge Revue passieren.
- Suchen Sie sich ein Ereignis oder ein Erlebnis aus, bei dem Sie anders reagiert haben, als Sie normalerweise reagieren würden. Das braucht keine große Sache zu sein. Es kann auch eine Kleinigkeit sein, zum Beispiel, die Art, wie Sie einen Schluck Tee getrunken haben.
- Wie haben Sie sich in diesem Moment gefühlt? Friedlicher, lockerer, weniger angespannt? Bewusster, wacher, offener? Präsenter, mehr im Moment, lebendiger?
- Machen Sie die Augen wieder auf.

Wenn Sie in den letzten sieben Wochen täglich meditiert haben, konnten Sie sich vermutlich an mindestens einen Moment erinnern, in dem Sie anders reagiert haben als sonst. Vielleicht war das am Dienstag, als Sie in dieser endlos langen Schlange vor dem Bankschalter standen und dennoch viel ruhiger waren als sonst. Vielleicht ist

Ihnen sogar aufgefallen, dass Sie ganz unwillkürlich angefangen haben, Ihren Atem zu beobachten. Vielleicht war es dieser Moment gestern Abend, als Sie das Geschirr vom Abendessen gespült und plötzlich wirklich wahrgenommen haben, wie angenehm sich das warme Seifenwasser auf Ihren Händen anfühlt.

Diese Dinge mögen unbedeutend scheinen, aber in Wirklichkeit sind sie gewaltig. Denn hier verwandelt sich das Gewöhnliche in das Außergewöhnliche – in Ihnen und durch Sie. Sie wachen auf und sehen die Welt mit ganz neuen Augen.

Das ist die Kraft der Meditation. Und die ist jetzt auf Sie übergegangen.

Beginnen wir also mit Woche acht Ihres 8-Minuten-Meditationsprogramms.

WAS AUF SIE ZUKOMMT

Bei der gemischten Platte handelt es sich um die subtilste und am weitesten entwickelte Technik des 8-Minuten-Meditationsprogramms. Es geht dabei zwar um mehr, als um das Auswählen eines Postens von Liste A und eines anderen von Liste B, aber Sie brauchen sich keine Sorgen zu machen und auch keine Angst zu haben: Die Mischung auf der Platte besteht aus verschiedenen 8-Minuten-Meditationstechniken, die Sie bereits wochenlang geübt haben.

In Woche zwei haben Sie über den nackten Klang meditiert, indem Sie auf Klänge hörten, ohne sie zu interpretieren. Woche drei stand unter der Überschrift »Körperempfindungen wahrnehmen« und Sie haben Ihre physischen Empfindungen beobachtet. Erst kürzlich, in Woche sechs, die unter dem Motto »Mein persönlicher Film« stand, haben Sie die visuellen Bilder betrachtet, die auf die Leinwand hinter Ihren Augen projiziert wurden. Jetzt werden Sie diese drei Techniken kombinieren und sie sozusagen im Konzert spielen lassen.

Das Meditieren mit der gemischten Platte ist ein bisschen wie Jonglieren – nur einfacher. Hier ein Überblick:

- Ein Gedanke, eine Körperempfindung oder ein visuelles Bild taucht auf.
- Sie lassen alles zu und kennzeichnen es als eines der folgenden drei Dinge
  - Rede
  - Körperempfindung – kurz: »Körper«
  - Bild
- Ein anderes Phänomen taucht auf. Damit machen Sie das Gleiche.
- Wenn ein neues Phänomen auftaucht, während noch ein anderes in Ihrem Bewusstsein ist, schaffen Sie Raum dafür und kennzeichnen es ebenfalls. Es kann zum Beispiel sein, dass Sie Ihren Atem beobachten, während ein visuelles Bild auftaucht, in dem Sie Auto fahren. Ihre Kennzeichnung würde also lauten: »Körper... Körper... Bild... Bild und Körper... Bild und Körper.«

Und so könnte es aussehen, wenn Sie ein paar Sekunden kennzeichnen:
Bild... Bild... Körper... Körper und Bild... Bild... Rede... Rede... Rede... Rede... Rede und Bild... Rede und Bild und Körper... Bild... Rede... Bild.

Regen Sie sich nicht auf, wenn Sie nicht mit den sich schnell bewegenden Phänomenen mithalten können. Das passiert jedem. Und es ist nicht von Bedeutung. Sehr wohl von Bedeutung ist jedoch die Qualität der Aufmerksamkeit, die Sie ins Spiel bringen, während Sie beobachten, was immer auftaucht. Wenn Sie merken, dass Sie nicht mehr mitkommen, gehen Sie damit um wie mit einem Bus, den Sie verpasst haben. Der nächste wird bald kommen und Sie brauchen nichts weiter zu tun, als entspannt darauf zu warten, dass er anrollt und Sie aufspringen können.

Die Gemischte-Platte-Meditation kann eine sehr kraftvolle Wirkung haben, wenn Sie sie mit der entsprechenden Aufmerksamkeit durchführen. Es kann sein, dass Sie so damit beschäftigt sind, die auftauchenden und wieder abklingenden Phänomene zu beobachten, dass Sie sich selbst irgendwie ganz aus den Augen verlieren. Und wenn Ihr Gefühl für »sich selbst« verschwindet, können Sie ein tiefes Gefühl des Friedens und der Ruhe erleben, das, was man als den »Zustand des Zeugen« bezeichnet.

Erinnern Sie sich an unser Zitat aus *Dragnet*? Man könnte sagen, dass der Zustand des Zeugen so etwas ist wie »Nur die Fakten, Ma'am«, und zwar in Versalien. Der Zustand des Zeugen kann beunruhigend, glückselig und alles dazwischen sein. Wie immer er auch ist, lassen Sie ihn einfach sein wie er ist. Halten Sie nicht daran fest und fliehen Sie nicht davor. Wie Sie wissen gilt für alles, auch für den Zustand des Zeugen: Es kommt und geht wie Wolken, die über den weiten Himmel ziehen.

Also, entspannen Sie sich und tun Sie Ihr Bestes. Oder wie eine unserer Gebrauchsanweisungen sagt: »Viel Spaß damit!«

DIE MEDITATIONSANWEISUNGEN FÜR DIESE WOCHE: GEMISCHTE PLATTE

Vorbereitung

- Stellen Sie Ihren Timer auf acht Minuten.
- Nehmen Sie Ihre Meditationshaltung auf dem Stuhl ein – bequem und gleichzeitig wachsam.
- Schließen Sie sanft die Augen.
- Nehmen Sie einen tiefen Atemzug, der Ihre momentanen Sorgen, Hoffnungen und Träume »zusammenfegt«. Halten Sie die Luft einen Augenblick. Und »seufzen« Sie sie dann langsam wieder aus.
- Noch einmal. Tief einatmen. Halten. Jede noch vorhandene Spannung loslassen.
- Starten Sie Ihren Timer.

Anleitung

- Etwas taucht in Ihrem Bewusstsein auf.
- Erkennen Sie dieses Phänomen als einer der folgenden Kategorien zugehörig:
  - Innere Rede
  - Körperempfindung
  - Visuelles Bild
- Kennzeichnen Sie das Phänomen mit einem der folgenden Begriffe:
  - Rede
  - Körper
  - Bild

- Beobachten Sie das Auftauchen und Abklingen dieses Phänomens.
- Ein anderes Phänomen taucht auf. Erweitern Sie Ihre Aufmerksamkeit, um es einzuschließen. Kennzeichen Sie es als Rede, Körper oder Bild.
- Wenn mehr als ein Phänomen gleichzeitig Ihre Aufmerksamkeit in Anspruch nimmt, nehmen Sie jedes so gut es Ihnen möglich ist zur Kenntnis. Die Phänomene können gemeinsam oder zeitlich versetzt auftauchen und abklingen.
- Wenn Sie mit dem Kennzeichnen nicht nachkommen, brauchen Sie nicht gehetzt zu versuchen, Schritt zu halten. Bleiben Sie einfach stehen, wo Sie gerade sind, atmen Sie tief durch und warten Sie, bis sich das nächste Phänomen zeigt.
- Seien Sie nicht enttäuscht, wenn Sie nicht alles perfekt verfolgen können. Beobachten Sie einfach ganz neutral: Rede, Körper oder Bild, einzeln, als Paar oder alle zusammen. Lassen Sie alles auftauchen und wieder verschwinden wie Wolken am weiten Himmel.
- Tun Sie das, bis Ihr Timer klingelt.
- Üben Sie diese Technik eine Woche lang jeweils acht Minuten am Tag.

WIE KLAPPT ES?

Die gemischte Platte ist eine schwierige Meditationstechnik. Deswegen habe ich sie bis zuletzt aufgehoben. Betrachten Sie sie als Ihr Abschlussexamen, das Sie am

Ende dieser achten Woche mit Bravour bestanden haben!

Auch wenn Sie gelegentlich vielleicht ein wenig verwirrt, ärgerlich und enttäuscht waren, während Sie die gemischte Platte gemacht haben, sollten Sie das nicht als Zeichen dafür werten, dass Sie noch weit gehen müssen. Es sollte Ihnen vielmehr zeigen, *wie weit Sie schon gekommen sind*. Hätte ich Sie diese Technik in der ersten Woche machen lassen, hätten Sie vermutlich die Hände über dem Kopf zusammengeschlagen – und dieses Buch weggeworfen!

Stattdessen sind Sie in nur acht Wochen hier angelangt, fähig, eine Meditationstechnik zu verstehen und durchzuführen, die einen hohen Anspruch hat und viel Bewusstheit und Konzentration erfordert. Herzlichen Glückwunsch! Ihre Meditationspraxis kann ein Leben lang andauern und wird Sie hoffentlich auf die nächste Stufe führen, von der in Teil drei dieses Buches die Rede ist.

Wenn Sie zu den Lesern dieses Buches gehören, die das 8-Wochen-Programm sorgsam durchgearbeitet haben, ist Meditation offensichtlich etwas, das eine Saite tief in Ihnen zum Schwingen bringt. Und ich wette, Sie sind schon ganz scharf auf Teil drei.

Der folgende Rat richtet sich an alle, die aus irgendeinem Grund nur sporadisch mit dem 8-Minuten-Meditationsprogramm gearbeitet haben oder diese Worte lesen, weil sie dachten, sie könnten die ersten hundert Seiten überspringen und gleich zum »Kern der Sache« vordringen.

Wenn eines davon auf Sie zutrifft, schimpfen Sie sich bitte nicht aus und denken Sie auch nicht, dass Sie ein

Versager sind oder dass das Meditieren zu schwer für Sie ist. Und selbst wenn Sie in den letzten acht Wochen nur einmal meditiert haben, ist das einmal mehr, als Sie je zuvor meditiert haben. Und so einfach ist es, wieder mit dem Meditieren anzufangen: *Kehren Sie zu der Stelle im Programm zurück, an der Sie zuletzt waren, und fangen Sie dort wieder an.*

Wie ich schon mehrmals sagte: Beim Meditieren gibt es so etwas wie Erfolg oder Versagen gar nicht. Hier handelt es sich um eine *Praxis* und nicht um etwas, das Sie einmal, acht Tage oder sogar acht Wochen lang tun und dann von Ihrer Liste der zu erledigenden Dinge streichen. Meditation ist ein fortlaufender Prozess, eine Reise, die zu mehr Bewusstheit, Klarheit und Glück führt. Nicht in irgendeiner abstrakten Zukunft, sondern jetzt, *in genau diesem Moment.*

Ob Sie die letzten acht Wochen nun mit Leichtigkeit hinter sich gebracht haben oder sich für einen kompletten Versager halten, mein Rat bleibt der gleiche: Meditieren Sie weiter. Jeden Tag. Mindestens acht Minuten lang.

FRAGEN UND ANTWORTEN: DIE ABSCHLUSSPRÜFUNG

Acht Wochen meditiert und ich kann immer noch nicht aufhören zu denken. Was läuft schief?
Nichts läuft schief, außer, dass Sie denken, es liefe etwas schief.

Die Vorstellung, dass die Meditation an irgendeinem Punkt die völlige Auslöschung des Denkens bewirkt, ist das, was ich als »den großen Irrglauben über Meditation« bezeichne. Es ist ein Irrglaube, dem fast alle Meditationsanfänger anhängen – und viele fortgeschrittene Meditierende ebenfalls. Erlauben Sie mir, es noch einmal zu sagen: Es gibt keine Möglichkeit, wie Sie Ihren Geist jemals vom Denken abhalten können. Das ist seine Aufgabe: denken, analysieren, kritisieren und urteilen – 365/24/7 (an 365 Tagen im Jahr, 24 Stunden am Tag und sieben Tagen in der Woche).

Ich sagte bereits, dass es bei der 8-Minuten-Meditation nicht darum geht, die Gedanken zu unterdrücken, sondern sie zu *übertreffen*. Das folgende Szenario illustriert, was ich damit meine:

Stellen Sie sich vor, Sie haben eine spinnerte Verwandte. Nennen wir sie Tante Franziska. Sie ist nicht gefährlich, nur von UFOs besessen, und glaubt, diese seien kurz davor, auf dem Gelände Ihres örtlichen Wal-Marts zu landen. Und genau dort befinden Sie sich im Moment zusammen mit Tante Franziska, weil Sie einen Toaster kaufen wollen.

Da stehen Sie also in dem schmalen Gang bei den Haushaltsgeräten und versuchen herauszufinden, welches Angebot das günstigste ist, während Ihnen Tante Franziska ununterbrochen wegen der drohenden UFO-Invasion in den Ohren liegt.

Nervend? Absolut. Die Frage ist nur, wie Sie mit dieser Situation zum Besten aller Beteiligten umgehen – Tante Franziska eingeschlossen. Sie könnten losrennen und den Geschäftsführer des Supermarkts bitten, eine UFO-Bereitschaftsübung durchführen zu lassen. Oder die arme, alte Tante Franziska anschreien, sie solle jetzt endlich den Mund halten. Sie könnten sie vielleicht auf den Parkplatz schleppen und zusammen mit Ihrem Schnauzer im Auto einschließen.

Aber würden Sie das tun? Natürlich nicht! Denn Sie sind geistig zurechnungsfähig, freundlich und brauchen – verflixt nochmal – einen Toaster! Also, was tun?

Gar nichts.

Genau. Sie lassen Tante Franziska einfach über diese Außerirdischen plappern. Alle paar Minuten nicken Sie automatisch mit dem Kopf, lächeln und sagen »Ah-ha« oder »Genau«. (Sie konzentrieren sich ganz auf diese Toaster. Tante Franziskas Worte sind nichts als »weißes Rauschen«.) Mit anderen Worten: *Sie hören das Geplapper, schenken ihm aber keine Aufmerksamkeit.*

Dieses Szenario können wir auf Gedanken und Meditation übertragen. Tante Franziska ist niemand anderes als der gute alte umherschweifende Geist, die ununterbrochen plappernde Stimme, die Sie ständig in lächerliches, nutzloses und wenig hilfreiches Denken verwickeln möchte. Und der Toaster ist ein Ankerpunkt für die Meditation, wie Ihr Atem.

Wenn Sie meditieren, tun Sie genau das, was Sie im Wal-Mart tun: Sie erlauben Tante Franziska/dem umherschweifenden Geist zu plappern, während Sie mit Ihrer Aufmerksamkeit bei dem Toaster/dem Ankerpunkt sind.

Also keine Sorge, Sie haben die geheime Technik zum Abschalten der Gedanken, die ich ganz geschickt auf Seite 48 versteckt habe, nicht verpasst. Der umherschweifende Geist begleitet Sie auch weiterhin. Betrachten Sie ihn als Geschenk, das Sie daran erinnern soll, dass der Frieden gleich um die Ecke ist, wenn Sie Ihren Gedanken erlauben, ihren fröhlichen – und manchmal verrückten – Gang zu gehen.

Kann das Meditieren mir helfen, mich gesünder zu ernähren? Oder abzunehmen?

Könnte es – wenn Sie auf einem Laufband meditieren würden.

Obwohl ich die 8-Minuten-Meditation als »South-Beach-Diät für den Geist« bezeichnet habe, werden Sie nicht dadurch abnehmen, dass Sie acht Minuten pro Tag auf einem Stuhl sitzen.

Ihre Frage enthält allerdings noch etwas, dem wir nachgehen können: Kann das Meditieren Sie weiser in der Wahl dessen machen, was Sie zu sich nehmen? Meine Antwort auf diese Frage lautet ja; es ist durchaus möglich, dass Sie, nachdem Sie eine Zeitlang meditiert haben, eine gesündere, positivere Wahl in Bezug auf Ihre Ernährung und Ihren Lebensstil treffen und dort einige Veränderungen vornehmen.

Es könnte zum Beispiel sein, dass Sie eines Tages ohne erkennbaren Grund Ihren gewohnheitsmäßigen Konsum von fünf dreifachen Latte Espresso pro Tag erst auf drei, dann auf einen – und am Ende möglicherweise auf null reduzieren! Diese Veränderung scheint vielleicht nicht mal die Folge einer bewussten Entscheidung zu sein, sondern eher etwas, das »einfach passiert« ist.

Es kann aber tatsächlich passieren, dass Ihnen durch das Meditieren Ihr unbewusstes und automatisches Verhalten deutlicher bewusst wird, in diesem Fall ein möglicherweise ungesundes Verhalten. Diese scheinbar mühelose Veränderung im Lebensstil ist nur ein weiteres Beispiel dafür, dass die Meditation Sie weniger der Dinge beraubt, die Sie lieben, sondern Ihnen vielmehr eine bewusste Möglichkeit gibt zu erkennen, dass etwas vielleicht nicht gut für Sie ist. Und dieser Erkenntnis lassen Sie dann Taten folgen.

Obwohl ich mittlerweile schon acht Wochen meditiert habe, fühle ich mich immer noch seltsam, wenn ich es tue.
Wie ich schon sagte, ist es ganz normal, dass man sich im Meditationsprozess ein wenig seltsam fühlt, vor allem in den ersten Stadien der Praxis. Es ist ebenfalls völlig normal, dass Sie das Gefühl haben, etwas »Konterkulturelles« zu tun, wenn Sie meditieren. Immerhin haben Sie sich entschieden, täglich acht Minuten Ihres geschäftigen Lebens einer Sache zu widmen, die in den Augen der Welt als »nicht produktiv« gilt. Und das kann dazu führen, dass Ihnen das Ganze peinlich ist und Sie deswegen vielleicht sogar Schuldgefühle haben.

Vielleicht können Sie die unangenehmen und seltsamen Gefühle besser akzeptieren, wenn Sie die Meditation einmal so betrachten: Gehen Sie so mit Ihrer Meditationspraxis um, wie Sie mit einer neuen romantischen Liebesbeziehung umgehen würden. Damit meine ich:

Die ersten paar Wochen einer Paarbeziehung sind das, was man als Phase des »Kennenlernens« oder »Flitterns« bezeichnet. Alles ist noch ganz frisch und neu und Sie sind von den Möglichkeiten begeistert. Doch gleichzeitig empfinden Sie eine gewisse Beklommenheit, eine Zögerlichkeit und vielleicht sogar Ängstlichkeit gegenüber dem, worauf Sie sich da eingelassen haben.

Doch weil Ihnen dieser Mensch wirklich etwas bedeutet, beschließen Sie, dem Ganzen »eine Chance zu geben« und zu sehen, was sich daraus entwickelt. Schließlich kommen Sie, wie bei jeder Romanze, an den Punkt, wo klar wird, ob das Ganze funktioniert oder nicht.

Genau so ist es mit der Meditation. Zunächst scheint sie neu und fremd, aber ein Teil dieses Gefühls ist vermutlich auf die Begeisterung dafür zurückzuführen, dass man etwas entdeckt, das große Möglichkeiten für das eigene Glück bietet. Bleiben Sie dran und geben Sie ihm eine Chance. Glauben Sie mir, es wird funktionieren.

HERZLICHEN GLÜCKWUNSCH!

Sie haben es geschafft! Super!

Vor acht Wochen dachten Sie vermutlich, Sie wären nie in der Lage, auch nur acht Sekunden pro Tag zu meditieren, geschweige denn, dies acht Wochen lang durchzuhalten. Aber Sie haben es getan! Und nun sind Sie hier mit einer starken Meditationspraxis, die Sie ein Leben lang begleiten kann.

Ich sage nicht, dass es immer nur wie Segeln auf glattem Wasser war. So geht das nicht in der Meditation – und im Leben auch nicht. Ob Sie nun zwanzig Minuten, zwanzig Tage oder zwanzig Jahre lang meditiert haben, an manchen Tagen ist es wie ein Spaziergang, während es sich an anderen anfühlt, als müssten Sie sich über den Himalaja schleppen.

Sie haben es gut gemacht! Ruhen Sie sich ein paar Minuten auf Ihren Lorbeeren aus und gehen Sie dann weiter zu Teil drei dieses Buches, den ich das *Upgrade* oder die »erweiterte Version« nenne. Er soll Ihnen helfen, Ihre Meditationspraxis auf die nächste Stufe zu bringen.

Teil drei enthält unter anderem zusätzliche Anweisungen für die Liebende-Güte-Meditation, die Liste meiner persönlichen Lieblingsbücher und Tonträger zum Thema dieses Buches sowie viele andere Leckerbissen. Doch was vielleicht am wichtigsten ist: In Teil drei werden Sie das kennen und üben lernen, was ich als »Muster für Meditation in Aktion« bezeichne, eine einfache, aber sehr wirkungsvolle Technik, die es Ihnen ermöglicht, Ihre Bewusstseinsmuskeln bei jeder beliebigen alltäglichen Verrichtung einzusetzen – und diese damit zu einem völlig neuen und viel reicheren Erlebnis zu machen. Probieren Sie es aus; Sie werden froh sein, es getan zu haben.

Doch bevor Sie weitergehen, müssen Sie noch eins tun. Jetzt ist der Zeitpunkt gekommen, das offizielle *8-Minuten-Meditationsversprechen*, das Sie vor acht Wochen unterschrieben haben, gegen das offizielle *Abschlusszeugnis in 8-Minuten-Meditation* einzutauschen, das Sie sich redlich verdient haben!

8-MINUTEN-MEDITATION
OFFIZIELLES ABSCHLUSSZEUGNIS
MIT AUSZEICHNUNG BESTANDEN

(Datum) _____

Hiermit sei allen, die es betrifft, zur Kenntnis gebracht, dass (Ihr Name) _____ das 8-Minuten-Meditationsprogramm erfolgreich abgeschlossen hat, und zwar mit Bravour.

> Mit Erhalt dieses Zeugnisses wird der Empfänger zum Meditierenden erklärt, der über die grundlegenden Fertigkeiten verfügt, seine Meditationspraxis zu vertiefen und ein Leben lang weiterzuführen. Außerdem ist er berechtigt, von allen Vorzügen der Meditation zu profitieren, einschließlich der Fähigkeit, präsenter zu sein; zuzulassen, was ist, und ganz allgemein ein erfülltes und glückliches Leben zu führen.
>
> *Victor N. Davich*
> 8-Minuten-Meditation

UND NICHT VERGESSEN...

Die Tatsache, dass Sie sich einer Meditationspraxis hingegeben haben, ist ein sicheres Zeichen dafür, dass Sie sich nach mehr Frieden und Glück in Ihrem Leben und im Leben anderer sehnen. Machen Sie weiter so.

Wie ich in diesen acht Wochen schon oft gesagt habe: Denken Sie daran, sich selbst bei allem, was Sie tun, einschließlich Ihrer Meditationspraxis, mit großer Güte und Freundlichkeit zu behandeln.

Es war mir eine Ehre, die letzten acht Wochen mit Ihnen verbringen zu dürfen.

TEIL DREI

Das Upgrade

WILLKOMMEN ZUM UPGRADE DER 8-MINUTEN-MEDITATION

Von der Computersoftware bis zu Pommes frites von McDonalds, von allem werden Ihnen ständig Upgrades oder erweiterte und verbesserte Versionen angeboten. Warum also sollte das bei der *8-Minuten-Meditation* anders sein!?

Zuallererst möchte ich Sie wissen lassen, dass Ihr Upgrade keinen Haken hat: *Sie bekommen es völlig gratis!* Sie haben es zusammen mit diesem Buch erworben. Und was noch besser ist: Sie sind bestens vorbereitet, Ihre Meditationspraxis zu erweitern. Sie erweisen sich sogar einen großen Gefallen, wenn Sie es tun.

WAS HABE ICH DAVON, DASS ICH ETWAS VERBESSERE?

Das eigentliche Ziel dieses Buches besteht darin, Sie für eine bestimmte Art des Seins auszurüsten – nicht nur in den acht Minuten, die Sie täglich auf einem Stuhl sitzend in Meditation verbringen, sondern auch in den Millionen anderer Minuten, aus denen sich Ihr Leben zusammensetzt.

Dieses Buch hat Ihnen bis jetzt geholfen, eine starke 8-Minuten-Meditationspraxis aufzubauen, die Sie täglich durchgeführt haben. Doch warum wollen Sie hier aufhören? Es ist eine Tatsache, dass Meditation von unglaublichem praktischem Wert ist, und zwar weil sie auf alles angewandt werden kann, was Sie tun. Im Ernst, wenn Sie Ihre Meditation auf acht Minuten tägliches

Sitzen auf einem Stuhl beschränken, verstehen Sie einerseits nicht, worum es beim Meditieren geht, und betrügen sich andererseits selbst.

Ihre spontane Antwort auf das, was ich gerade gesagt habe, könnte sich zum Beispiel so anhören: *Sind Sie verrückt? Wenn ich den ganzen Tag in einem meditativen Zustand durch die Gegend schwebe, bin ich nicht mehr in der Lage, richtig zu funktionieren!* Aber genau das Gegenteil ist der Fall. Schauen wir uns das, was Sie unter Ihrem Normalzustand verstehen, doch einmal etwas genauer an, um festzustellen, wie wach Sie wirklich sind.

Nehmen Sie sich jetzt sofort etwa eine Minute Zeit und lassen Sie die vielen Routinearbeiten und Aktivitäten, mit denen Sie heute beschäftigt waren, Revue passieren. Suchen Sie sich eine davon aus. Betrachten Sie sie genau und beantworten Sie folgende Frage:

Waren Sie wirklich da, als Sie das getan haben? Oder hatten Sie irgendwie auf »Autopilot« geschaltet?

Nehmen Sie zum Beispiel Ihr Frühstück. Haben Sie Ihr Ei gegessen und seinen Geschmack wirklich wahrgenommen? Oder haben Sie gleichzeitig die Morgennachrichten gehört, Ihre E-Mails überflogen, Mittagessen für Ihren Sohn vorbereitet oder mit einer Freundin telefoniert?

Wählen Sie weitere Aktivitäten aus. Was immer Sie sich aussuchen, ich bin ziemlich sicher, dass Sie stets eine Gemeinsamkeit finden werden: Sie waren nicht wirklich »da«, als Sie das getan haben. Ganz schön erstaunlich, was? Vielleicht sogar ein wenig beängstigend.

Wählen Sie nun eine Tätigkeit aus und überlegen Sie, wie effektiv Sie sie verrichtet haben, während Sie auf »Autopilot« geschaltet hatten. Ist es möglich, dass Sie sich viel weniger hätten anstrengen müssen und viel gründlicher, produktiver und glücklicher hätten arbeiten können, wenn Sie wirklich *hier* gewesen wären und nicht anderswo oder wannanders? Die Antwort ist ein klares Ja.

Nun, hier kommt die gute Nachricht: Ziel der 8-Minuten-Meditation ist es, Ihnen genau dabei zu helfen. Teil drei dieses Buches gibt Ihnen Gelegenheit, das, was Sie in den letzten acht Wochen gelernt haben, auf die nächste Stufe mitzunehmen, damit Sie präsenter sein können – mehr *hier* – jetzt sofort, in Ihrem Alltag. Nicht nur während Sie acht Minuten am Tag auf einem Stuhl sitzen und meditieren, sondern Ihr *ganzes* Leben lang und wo immer Sie sind.

Was haben Sie davon, dass Sie Ihre Meditationspraxis vertiefen? Eine reichere Erfahrung des Lebens. Interessiert? Ganz sicher.

DIE MEDITATION WEITERFÜHREN – DIE MEDITATION INS LEBEN BRINGEN

Teil drei soll Ihnen helfen, Ihre Meditationspraxis zu vertiefen und auf Ihren Alltag anzuwenden. Er besteht aus den folgenden vier Kapiteln:

- **Acht Minuten und mehr** befähigt Sie, Ihre tägliche Meditationszeit ohne Anstrengung, aber mit großer Wirkung zu erweitern. In diesem Abschnitt bekommen Sie Hilfe beim Aufstellen Ihres eigenen Trainingsplans und bei der Planung Ihres persönlichen Mini-Retreats.
- **Meditation in Aktion** macht es Ihnen möglich, Ihre Meditationspraxis in Ihren Alltag zu bringen. Sie ler-

nen mein Muster für Meditation in Aktion kennen und benutzen, ein einfaches aber sehr kraftvolles Instrument, das Sie auf alle alltäglichen Aktivitäten anwenden können. Es wird Ihnen behilflich sein, wenn es darum geht, mehr Präsenz in Ihren Alltag zu bringen. Auf diese Weise bauen Sie Bewusstseinsmuskeln auf. Wenn Sie einmal gesehen haben, wie leicht, wie vergnüglich, wie angenehm – und wie kraftvoll – das Muster ist, werden Sie es die ganze Zeit anwenden wollen.
- **Liebende Güte – die Erweiterung** wird Ihnen helfen, Ihre Verbindung mit der Welt in der Welt zu vertiefen. Dieser Abschnitt enthält eine erweiterte Liebende-Güte-Meditation.
- Unter der Überschrift **Anregungen und Informationen** finden Sie meine persönliche Liste der besten Bücher und Tonträger sowie Adressen von Meditationszentren, die Ihnen helfen können, Ihre Meditationspraxis auf die nächste Stufe zu bringen. Dieser Abschnitt informiert auch darüber, wie man Meditationsgruppen findet und selbst eine solche Gruppe gründet.

Sie haben lange genug in Meditation gesessen. Nun ist es Zeit, aufzustehen und die Meditation in jeden Bereich Ihres Alltags zu tragen.

Starten wir also das Upgrade.

Acht Minuten und mehr

Die zwei einfachsten Methoden, Ihre Meditationszeit zu verlängern, sind:

- Sie fügen Ihrer jetzigen Meditationszeit von acht Minuten weitere Minuten hinzu.
- Sie fügen Ihrer jetzigen Meditationssitzung eine weitere tägliche Meditationssitzung hinzu.

Sie können diese beiden Möglichkeiten einzeln oder als Tandem einsetzen. Ich zeige Ihnen wie. Doch zuvor müssen Sie sich Ihre Lieblingsmeditationstechnik aus dem 8-Minuten-Meditationsprogramm der letzten acht Wochen aussuchen. Bei der Technik, die Sie sich ausgesucht haben, bleiben Sie, während Sie Ihre Meditationszeit allmählich erweitern.

SO SUCHEN SIE IHRE TECHNIK AUS

In den letzten acht Wochen haben Sie acht verschiedene Meditationstechniken kennen gelernt und mit ihnen meditiert. Bestimmte Techniken passen besser zu bestimmten Menschen als andere. Wahrscheinlich haben Sie sich schon für eine Lieblingstechnik entschieden. Wenn dem so ist, können Sie zum nächsten Abschnitt übergehen. Wenn nicht, tun Sie bitte Folgendes:

- Kehren Sie zu Teil zwei zurück und schauen Sie sich die Meditationstechniken, mit denen Sie gearbeitet haben, noch einmal an. Alle, außer Liebende-Güte-Meditation.
- Schließen Sie die Augen und verbringen Sie eine Minute mit jeder einzelnen Technik. Es wird eine oder mehrere geben, mit denen Sie sich auf einer intuitiven Ebene verbinden.
- Wählen Sie aus diesen eine einzige Technik aus. Haben Sie eine? Prima. Das ist die Meditationstechnik, die Sie nun exklusiv einsetzen werden, um Ihre Meditationszeit zu verlängern.

SO VERLÄNGERN SIE IHRE MEDITATIONSZEIT

Die einfachste Möglichkeit, die Meditationszeit zu verlängern, besteht darin, Ihrer täglichen Meditationszeit von acht Minuten schrittweise weitere Minuten hinzuzufügen. So würden Sie beispielsweise auch für einen Marathonlauf trainieren, langsam und ganz allmählich, um keinen unnötigen Stress oder Druck zu erzeugen.

Beginnen Sie, indem Sie Ihre tägliche Meditationssitzung von acht Minuten pro Tag um zwei Minuten verlängern. Meditieren Sie zwei Wochen lang zehn Minuten pro Tag. Dann fügen Sie weitere zwei Minuten hinzu und meditieren zwölf Minuten am Tag. Ihr Trainingsplan sieht dann so aus:

- erste und zweite Woche: 10 Minuten
- dritte und vierte Woche: 12 Minuten
- fünfte und sechste Woche: 14 Minuten

- siebte und achte Woche: 16 Minuten
- neunte und zehnte Woche: 18 Minuten

Das schrittweise Hinzufügen von zwei Minuten in zwei Wochen scheint keinen großen Unterschied zu machen, aber sicher erinnern Sie sich an das, was Einstein über den Zinseszins gesagt hat: Es addiert sich. Wenn Sie heute anfangen, werden Sie nach nur zwei Monaten schon achtzehn Minuten pro Tag meditieren! Und das ist auf jeden Fall eine ernsthafte Meditationspraxis.

Wenn Sie Ihre Meditationszeit dort haben, wo Sie sie haben wollen, machen Sie auf dieser Stufe weiter, indem Sie die von Ihnen gewählte Meditationstechnik noch mindestens zwei Wochen lang einsetzen. Danach können Sie, wenn Sie wollen, mit einer anderen Technik meditieren.

Doch denken Sie daran: Wenn Sie sich einmal für eine Technik entschieden haben, sollte es keine Reue und keinen zweiten Versuch geben – was auch geschieht. Bleiben Sie bei der Meditationstechnik, für die Sie sich entschieden haben. Genau wie es keine »schlechte« oder »falsche« Meditationszeit gibt, gibt es auch keine falsche Meditationstechnik.

SO BAUEN SIE EINE ZWEITE MEDITATIONSSITZUNG IN IHREN TAG EIN

Die nächste Möglichkeit, Ihre Meditationspraxis zu vertiefen, besteht im Hinzufügen einer zweiten 8-Minuten-Meditationssitzung. Damit verdoppeln Sie Ihre Meditationszeit sofort auf sechzehn Minuten pro Tag. Das mag überwältigend klingen, aber dadurch, dass diese Zeit in zwei gleiche Portionen aufgeteilt ist, wird das Ganze leicht und machbar.

Menschen, die meditieren, tun das meistens zweimal am Tag, als erstes morgens nach dem Aufstehen und als letztes, bevor sie abends zu Bett gehen. Ich kann das nur empfehlen. Wenn Sie sich für andere Tageszeiten entscheiden, sollten Sie zwischen den beiden Meditationssitzungen mindestens sechs Stunden Zeit lassen.

Sie können Ihre zweite Meditationssitzung auch schrittweise zur ersten hinzufügen, ähnlich wie es oben beschrieben wurde. Zum Beispiel:

- **erste und zweite Woche:** Morgenmeditation 8 Minuten, Abendmeditation 2 Minuten
- **dritte und vierte Woche:** Morgenmeditation 8 Minuten, Abendmeditation 4 Minuten; und so weiter

Wenn Sie es so machen, erreichen Sie irgendwann einen Punkt, an dem Sie zweimal am Tag zwanzig Minuten lang meditieren, also zusammen vierzig Minuten lang! Das ist dann eine bedeutende Meditationspraxis, eine, die Sie auf höhere Ebenen des Meditierens führen kann. Übrigens, falls Sie in Ihrer Meditationspraxis nicht an diesen Punkt kommen, sollten Sie ernsthaft darüber nachdenken, an einem zwei- oder dreitägigen Meditationsretreat teilzunehmen. Adressen entsprechender Meditationszentren finden Sie ab Seite 209.

Und denken Sie daran: Es gibt hier keine festen Regeln. Experimentieren Sie. Mischen und kombinieren Sie. Wenn Sie etwas gefunden haben, das sich »richtig anfühlt«, bleiben Sie dabei. Sie wissen selbst, wann die Zeit für mehr gekommen ist.

DAS PERSÖNLICHE MINI-RETREAT ODER SICH MIT MEDITATION EINE GUTE ZEIT MACHEN

Persönliche Mini-Retreats eignen sich sehr gut zur Vertiefung Ihrer Praxis. Und dafür müssen Sie noch nicht einmal ein Meditationszentrum oder ein Kloster aufsuchen. Alles, was Sie brauchen, sind ein paar ungestörte Stunden zu Hause.

Wenn Sie an einem Retreat in einem Meditationszentrum teilnehmen würden, würden Sie wahrscheinlich viele Stunden pro Tag abwechselnd mit Sitz- und Gehmeditation verbringen. Während Ihres Mini-Retreats werden Sie ebenfalls sitzen und gehen, aber in kürzeren Sequenzen und insgesamt weniger lang.

Und so sieht die Planung und Durchführung Ihres Mini-Retreats aus:

- Halten Sie sich mindestens eine Stunde frei, in der Sie allein sind und Ihre Ruhe haben; keine Arbeit, keine Familie und keine anderen Verpflichtungen.
- Sorgen Sie für einen Raum, der so ruhig und störungsfrei wie möglich ist. Schalten Sie das Telefon aus. Schließen Sie die Türen. Hängen Sie ein Schild an Ihre Tür mit der Aufschrift »Ich meditiere. Ab 16.00 Uhr wieder zu sprechen.«
- Machen Sie einen kurzen, einfachen Aktionsplan, in dem Sie gleich viel Zeit für Sitz- und Gehmeditation vorsehen. (Nehmen Sie das Muster für die Meditation in Aktion aus dem nächsten Abschnitt zur Hilfe.) Achten Sie am Anfang darauf, die einzelnen Sequenzen möglichst kurz zu halten.
- Lassen Sie sich nieder und setzen Sie Ihren Plan um.

Hier ist ein ganz einfacher Plan für ein zweistündiges Mini-Retreat:

12.45–13.00 h   Raum vorbereiten und zur Ruhe kommen
13.00–13.15 h   Sitzen
13.15–13.30 h   Gehen (Muster für Meditation in Aktion verwenden)
13.30–13.45 h   Sitzen
13.45–14.00 h   Meditation in Aktion: Nur ein Teller
14.00–14.30 h   Kassette mit einem Vortrag über Meditation anhören
14.15–14.30 h   Gehen
14.30–14.45 h   Sitzen
14.45–15.00 h   Liebende-Güte-Meditation

Wie Sie sehen, können Sie in nur zwei Stunden eine Menge an Meditation unterbringen. Das Mini-Retreat bietet Ihnen auch die großartige Gelegenheit, Ihrer persönlichen Meditationspraxis einen Schubs zu geben (einen sanften natürlich). Sie könnten zum Beispiel beschließen, im Mini-Retreat jeweils zwölf Minuten lang zu sitzen, obwohl Ihre tägliche Meditationssitzung sonst nur acht Minuten lang ist.

Vorträge oder geführte Meditationen auf Kassette oder CD können Ihr Mini-Retreat deutlich aufwerten. Deshalb habe ich Zeit zum Anhören solcher Kassetten eingeplant. Wenn Sie Kassetten hören, sollten Sie dem, was Sie hören, die gleiche ungeteilte Aufmerksamkeit widmen wie Ihrer Meditationssitzung. Ein paar Seiten weiter finden Sie Informationen über hervorragende Meditationskassetten.

Meditation in Aktion

Das Muster für Meditation in Aktion ist ein hervorragendes Arbeitsmittel, denn es erlaubt Ihnen, die Bewusstheit und Präsenz, die Sie in Ihren Meditationssitzungen erworben haben, auf Ihre alltäglichen Aktivitäten zu übertragen, egal wie einfach oder kompliziert sie auch sein mögen. Das Muster lässt sich auf alles übertragen, vom Zähneputzen bis zur Vorbereitung einer PowerPoint-Präsentation, ja sogar aufs Liebemachen. Es ist nicht nötig, dass Sie für jede Aktivität eine andere Meditationstechnik lernen, das Muster für die Meditation in Aktion kann jederzeit auf alles angewandt werden.

Doch statt nur darüber zu sprechen, wollen wir nun an einem handfesten Beispiel zeigen, wie das Muster funktioniert, indem wir es auf eine einfache Tätigkeit anwenden, die Sie jeden Tag verrichten.

NUR EIN TELLER – EINE MEDITATION

Damit Sie ein Gefühl für das Muster bekommen, lasse ich Sie jetzt einen einzelnen Teller spülen. In Anlehnung an die alte Frage, die während der Feierlichkeiten zum Passah-Fest gestellt wird, fragen wir: »Warum ist dieser Teller anders als andere Teller?« Die Antwort lautet: Er ist nicht anders, aber *die Art, wie Sie ihn spülen,* wird anders sein.

Machen Sie diese Meditation, wenn Sie allein sind. Auf diese Weise vermeiden Sie, dass Ihre Kinder Sie schief anschauen und sich fragen, warum Mama oder Papa Roboter spielt.

Meditationsanweisung

- Sie brauchen einen schmutzigen Teller, einen Schwamm und ein Abtrockentuch.
- Stöpseln Sie das Spülbecken zu und stellen Sie den Teller hinein.
- Drehen Sie langsam das Wasser auf. Hören Sie auf die Geräusche, die das Wasser macht: das Rauschen, das Spritzen und das Geräusch, mit dem die Wassertropfen auf dem Teller auftreffen. Tun Sie das genau so, wie Sie es bei der Meditation über den nackten Klang getan haben.
- Prüfen Sie die Wassertemperatur und regulieren Sie sie entsprechend, bis das Wasser angenehm warm und nicht zu heiß ist.
- Halten Sie die Flasche mit dem Spülmittel über das Becken und drücken Sie langsam darauf. Schauen Sie zu, wie ein Seifentropfen herunterfällt, sich im Wasser auflöst und Seifenschaum bildet.
- Beobachten Sie, wie der Wasserspiegel langsam steigt, bis das Spülbecken voll genug ist. Legen Sie Ihre Hand auf den Wasserhahn und drehen Sie das Wasser ab. Fühlen Sie die Kühle des Metalls in Ihrer Handfläche. Registrieren Sie das momentane Verstummen aller Geräusche.
- Lassen Sie Ihre Hände langsam ins Wasser eintauchen. Orten Sie den Teller und greifen Sie mit einer Hand danach. Achten Sie darauf, wie er sich anfühlt. Nehmen Sie den Teller langsam aus dem Wasser und betrachten Sie ihn. Vielleicht ist sein unterer Rand von

glänzenden Seifenbläschen umhüllt. Achten Sie darauf, wie sich das Licht auf dem Teller spiegelt. *Schauen Sie sich diesen Teller wirklich an.*
- Nun nehmen Sie den Schwamm in die andere Hand und drücken ihn langsam gegen die Oberfläche des Tellers. Achten Sie darauf, wie sich der Schwamm in Ihrer Hand anfühlt. Drücken Sie ihn sanft gegen die Oberfläche des Tellers und nehmen Sie den Druck wahr.
- Fangen Sie nun langsam an, den Teller abzuwaschen. Nehmen Sie die Bewegung in Ihrem Handgelenk wahr, während Sie den Schwamm im Kreis auf dem Teller bewegen. Denken Sie daran: Sie waschen nur diesen einen Teller ab. Es gibt kein anderes Geschirr, das noch abgewaschen werden muss. *Dies ist der einzige Teller auf der ganzen Welt!*
- Vielleicht tauchen Gedanken wie *So ein Quatsch!* oder *Da könnte ich doch das andere Geschirr gleich mit reinschmeißen* auf. Wenn das der Fall ist, wenden Sie einfach an, was Sie für Ihre Sitzmeditation gelernt haben: Lassen Sie die Gedanken zu. Fangen Sie sie und lassen Sie sie wieder frei. Schauen Sie zu, wie sie auftauchen und wieder verblassen wie Wolken am Himmel. Und dann spülen Sie weiter Ihren Teller ab.
- Schauen Sie – schauen Sie sich Ihren Teller wirklich an. Achten Sie auf seine Struktur. Reflektiert er das Licht wie eine fast durchsichtige Muschel? Ist er stumpf? Ist er wie ein raffinierter Spiegel, in dem ein verschwommenes Bild von Ihnen zu erkennen ist?
- Reiben Sie mit Ihrem Schwamm langsam über den Teller, bis er sauber ist. Drehen Sie ihn um und machen Sie auf der anderen Seite weiter. Bleiben Sie in

Verbindung mit den Bewegungen Ihrer Hände, dem Gefühl für das Wasser, dem Kitzeln der Seifenblasen und der weichen Nachgiebigkeit des Schwamms in Ihrer Hand.
- Wenn der Teller ganz sauber ist, heben Sie ihn langsam aus dem Wasser. Achten Sie darauf, wie das Wasser perlt und kleine Rinnsale bildet, während es abfließt. Hören Sie auf das feine Plätschern des Wassers, das in die Spüle rieselt.
- Nehmen Sie jetzt langsam Ihr Trockentuch. Trocknen Sie Ihren Teller genauso achtsam, wie Sie ihn abgewaschen haben. Nehmen Sie die Bewegungen wahr. Hören Sie die Geräusche. Achten Sie auf das Spiel von Licht und Schatten.
- Wenn Sie fertig sind, stellen Sie Ihren sauberen Teller langsam hin.

Nun, wie war es? Viele Menschen beschreiben ihr Erlebnis mit »Nur ein Teller« als erhellend, sinnlich, ja sogar revolutionär. Wenn das Muster für Meditation in Aktion das ganz gewöhnliche Erlebnis des Tellerwaschens in etwas so Außergewöhnliches verwandeln kann, was glauben Sie, was es dann in Ihrem übrigen Leben bewirken kann!

MEDITATION IN AKTION LEBEN

Wenn Sie das Muster für Meditation in Aktion in Ihr Leben bringen, können Sie es auf ganz andere Weise erleben. Hier ein paar Beispiele dafür, wie Sie das Muster anwenden können:

- **Gehen.** Der ganz gewöhnliche Vorgang des Gehens bietet eine gute Gelegenheit für Meditation in Aktion. Gehen Sie nach draußen und machen Sie einen gemütlichen Spaziergang um den Block. Oder praktizieren Sie Meditation in Aktion, während Sie von Ihrem Parkplatz zu Ihrem Büro gehen. Achten Sie darauf, wie sich das Gehen wirklich anfühlt. Übrigens, Sie müssen sich dabei nicht bewegen oder aussehen wie ein Roboter auf Stelzen. Legen Sie einfach eine etwas langsamere Gangart ein als sonst.
- **Im Supermarkt.** Machen Sie die Meditation in Aktion mit einem Einkaufswagen. Während Sie Ihren Wagen langsam durch die Gänge schieben, nehmen Sie den Griff unter Ihren Händen wahr und hören das quietschende Geräusch, das die Räder machen, wenn sie über den Linoleumboden rollen. Wenn Sie an der Bäckereitheke Halt machen, nehmen Sie das feine Aroma der Backwaren in sich auf. Nehmen Sie einen Laib Brot in die Hand. Fühlen Sie die Festigkeit der Kruste in Kombination mit der leichten Nachgiebigkeit des Brotes.
- **Körpertraining.** Statt die Zeit geistig abwesend und tagträumend auf Ihrem Laufband oder Trainigsfahrrad zu verbringen, wenden Sie das Muster für Meditation in Aktion auch hier an. Nehmen Sie Ihre Bewegungen wahr; fühlen Sie, wie Ihr Körper allmählich ins Schwitzen kommt; spüren Sie die Schweißperlen in Ihren Augenbrauen.
- **Yoga.** Bleiben Sie bewusst, während Sie Ihre Yoga-Haltungen einnehmen. Achten Sie darauf, wann Sie bei den Übergängen zwischen zwei Haltungen an Bewusstheit verlieren. Beobachten Sie die feinen geisti-

gen und körperlichen Veränderungen, die mit der kleinsten Haltungsänderung einhergehen können, mit größter Aufmerksamkeit.

Die Audiokassette *Meditation in the Zone* von Meditationslehrer Shinzen Young ist ein hervorragendes Hilfsmittel, wenn es um Meditation und Körperübungen geht. (Wie Sie an diese Kassette kommen, erfahren Sie auf Seite 208/209)

- **Abendessen vorbereiten.** Wenden Sie die gleiche Achtsamkeit, mit der Sie die »Nur ein Teller«-Meditation gemacht haben, auf die Zubereitung Ihres Abendessens an. Wählen Sie einen Gang aus und bereiten Sie ihn mit größter Aufmerksamkeit zu. Nehmen wir einen Salat. Werfen Sie das Gemüse nicht einfach in die Salatschüssel, sondern arrangieren Sie es langsam und sorgfältig. Nehmen Sie die unterschiedliche Beschaffenheit der einzelnen Zutaten wahr: die Tomaten mit ihrer glatten Haut, die kleinen Gurken mit ihrer knubbeligen Schale. Schälen Sie eine Zwiebel mit ungeteilter Aufmerksamkeit; nehmen Sie wahr, wie Ihnen dabei die Tränen in die Augen steigen. Riechen Sie den köstlichen Duft des Parmesankäses, während Sie ihn reiben.
- **Essen.** Wir alle wissen, wie oft wir beim Essen anderswo und wannanders sind. Wir lesen Zeitung, telefonieren, schauen fern oder machen Notizen für die nächste Konferenz. Dabei wäre dies eine perfekte Gelegenheit, Meditation in Aktion zu üben.

Stellen Sie zunächst Ihr Radio, Ihren Fernseher und Ihr Telefon ab. Und jetzt betrachten Sie Ihr Essen. Atmen Sie langsam tief durch. Schenken Sie dem, was Sie gleich essen werden, echte Aufmerksamkeit. Sieht es einladend aus? (Wenn nicht, sollten Sie es vielleicht gar nicht essen.) Lehnen Sie sich vor und nehmen Sie sein Aroma in sich auf. Weckt dieser Duft Gedanken und Erinnerungen, die Sie vielleicht aus dem gegenwärtigen Moment herausreißen?

Spüren Sie das Gewicht der Gabel in Ihrer Hand, während Sie sie mit Essen beladen. Führen Sie eine wenig gefüllte Gabel langsam zum Mund. Sobald Sie den Bissen im Mund haben, schließen Sie die Augen und gehen mit Ihrer Aufmerksamkeit ganz zur Wahrnehmung des Geschmacks. Ist es ein Geschmack oder sind es mehrere, die sich überlagern? Klingt ein vorherrschender Geschmack ab und wird durch einen anderen ersetzt?

Kauen Sie ganz langsam. Setzen Sie die Gabel oder das Glas nach jedem Bissen oder Schluck ab. Nur keine Eile.
- Sie wissen jetzt, wie es geht. Wählen Sie selbst eine Aktivität und wenden Sie das Muster für Meditation in Aktion darauf an. Und nicht vergessen: Sie können dies *mit allem Möglichen* machen!

Übrigens, um Meditation in Aktion zu praktizieren, brauchen Sie nicht auf Zeitlupe zu schalten und sich bewegen, als würden Sie in Ahornsirup schwimmen. Tun Sie die Dinge um Himmes willen in dem Tempo, in dem sie getan werden müssen. Es macht keinen Sinn, etwas achtsam zu tun, aber in einer Weise, die ungewollte Aufmerksamkeit auf sich zieht. Dann könnten Sie nämlich nicht achtsam sein, weil Sie zu sehr damit beschäftigt sind, sich Ihrer selbst bewusst zu sein.

Nutzen Sie das Muster für Meditation in Aktion so oft wie möglich. Fangen Sie gleich damit an! Was haben Sie als nächstes zu tun? Das Auto waschen? An einer Konferenz teilnehmen? Die Fußballmannschaft trainieren? Wählen gehen? Prima! Machen Sie eine Meditation in Aktion daraus. Sie werden mehr Spaß an dem haben, was Sie tun – weil Sie es mit Leib und Seele tun.

Liebende Güte – die Erweiterung

Damals, in Woche sieben, habe ich Ihnen eine Erweiterung zum Thema Liebende Güte versprochen. Und wie Sie sehen, habe ich es nicht vergessen!

Wenn Sie sich von der Liebende-Güte-Meditation angesprochen fühlen, sollten Sie sie auf jeden Fall zu einem Teil Ihrer täglichen Meditationspraxis machen. Das ist recht einfach. Hier sind ein paar Vorschläge, wie Sie Achtsamkeitsmeditation und Liebende-Güte-Meditation in einer einzigen Sitzung üben können:

- Machen Sie die Liebende-Güte-Meditation zum Schluss.
- Legen Sie zwischen den beiden Meditationstechniken eine Pause von einer oder zwei Minuten ein.
- Achten Sie darauf, dass Sie es bequem haben, wenn Sie die Liebende-Güte-Meditation machen. Nehmen Sie notfalls eine andere Körperhaltung ein.
- Erlauben Sie sich, die Sätze, die Sie während der Liebende-Güte-Meditation sprechen, auch wirklich zu fühlen. Liebende-Güte-Meditation ist keine intellektuelle Übung. Versuchen Sie, sich jedes Mal, wenn Sie einen dieser Sätze sprechen, aus Ihrem Kopf fallen zu lassen – und hinein in Ihr Herz.
- Sie brauchen die Zeit für die Liebende-Güte-Meditation nicht zu messen. Entspannen Sie sich einfach und lassen Sie die Meditation so lange dauern wie sie eben dauert.

DIE PRAXIS DER LIEBENDEN GÜTE AUF ANDERE AUSDEHNEN

Genau wie Nächstenliebe beginnt auch Liebende Güte zu Hause. Wenn Sie einmal damit angefangen haben, sich selbst gute Wünsche zu schicken, entwickelt sich auch Ihre natürliche Bereitschaft, diese guten Wünsche an den Rest der Welt »weiterzuleiten«. Die folgende klassische Meditationstechnik wird Sie in die Lage versetzen, genau das zu tun.

Suchen Sie sich fünf verschiedene Einzelpersonen aus, denen Sie liebende Güte schicken möchten (Achtung: Es muss sich um Personen handeln, die zum Zeitpunkt der Übung am Leben sind.):

- Sie selbst
- Ein Mentor oder Lehrer. Jemand, *den Sie persönlich kennen* und der oder die einen entscheidenden positiven Einfluss auf Ihr Leben ausgeübt hat. Das kann irgendjemand sein – von Ihrem Pfarrer bis zu Ihrem Automechaniker.
- Ein guter persönlicher Freund.
- Jemand, den Sie kaum kennen. Das kann irgendjemand sein – von einem neuen Bekannten bis zu einem völlig Fremden, an dem Sie heute Nachmittag im Buchladen vorbeigegangen sind.
- Eine schwierige Person. Also gut, seien wir ehrlich: die *allergrößte* Nervensäge in Ihrem Leben! Jemand, der Ihnen echt auf den Keks geht und das Leben schwer macht. Familienmitglieder, Chefs und Vermieter zählen hier zu den am meisten Genannten. Wenn Ihr Leben aus irgendeinem Grund so ruhig ist,

dass Ihnen niemand einfallen will – keine Sorge, das wird schon!

Diese fünf Menschen (Sie selbst eingeschlossen) werden nun die Empfänger Ihrer liebenden Güte sein. Sie werden nacheinander jedem von ihnen liebende Güte schicken, wobei Sie immer die gleichen Sätze verwenden.
Vergessen Sie nicht, dass die Sätze nicht aus Ihrem Kopf, sondern aus Ihrem Herzen kommen sollen. Also entspannen Sie sich und lassen Sie sie von diesem zarten aber mutigen Ort aus erklingen.

ANLEITUNG
LIEBENDE-GÜTE-MEDITATION

- Zunächst schicken Sie sich selbst liebende Güte:

  Möge ich frei sein von Gefahr.
  Möge ich gesund sein.
  Möge ich glücklich sein.
  Möge mein Sein von Leichtigkeit erfüllt sein.

- Als nächstes stellen Sie sich die Person vor, die Ihr Leben positiv beeinflusst hat, und sagen:

  Mögen Sie / mögest du frei sein von Gefahr.
  Mögen Sie / mögest du gesund sein.
  Mögen Sie / mögest du glücklich sein.
  Möge Ihr / dein Sein von Leichtigkeit erfüllt sein.

- Dann stellen Sie sich Ihren guten Freund vor und tun dasselbe:

  Mögest du frei sein von Gefahr.
  Mögest du gesund sein.
  Mögest du glücklich sein.
  Möge dein Sein von Leichtigkeit erfüllt sein.

- Nun senden Sie jenem Fremden liebende Güte. Sehen Sie ihn oder sie bildlich vor sich und sagen Sie:

  Mögen Sie frei sein von Gefahr.
  Mögen Sie gesund sein.
  Mögen Sie glücklich sein.
  Möge Ihr Sein von Leichtigkeit erfüllt sein.

- Nun ist es Zeit, Ihrer schwierigen Person liebende Güte zu schicken. Sehen Sie ihn oder sie bildlich vor sich und sagen Sie:

  Mögen Sie / mögest du frei sein von Gefahr.
  Mögen Sie / mögest du gesund sein.
  Mögen Sie / mögest du glücklich sein.
  Möge Ihr / dein Sein von Leichtigkeit erfüllt sein.

- Schließlich senden Sie allen Wesen überall auf der Welt liebende Güte:

  Mögen alle Wesen frei sein von Gefahr.
  Mögen alle Wesen gesund sein.
  Mögen alle Wesen glücklich sein.
  Möge das Sein aller Wesen von Leichtigkeit erfüllt sein.

Obige Anweisungen kommen Ihnen vielleicht kompliziert vor und vielleicht fragen Sie sich: »Wie um alles in der Welt soll ich mir diesen ganzen Kram merken?« Aber glauben Sie mir, die Liebende-Güte-Meditation ist viel einfacher durchzuführen als zu beschreiben.

Sie tun im Prinzip nichts anderes, als immer die gleichen Sätze zu wiederholen und sich damit an verschiedene Menschen zu wenden. Wenn Sie aus irgendeinem Grund die Reihenfolge oder den Wortlaut der Sätze vergessen haben, wenn Sie durcheinander kommen oder frustriert sind – halten Sie inne! Atmen Sie tief durch, entspannen Sie und schicken Sie sich selbst liebende Güte. Und dann, wenn Sie so weit sind, fangen Sie wieder an.

Sie werden erstaunt sein, wie schnell Sie den Bogen mit der Liebende-Güte-Meditation heraus haben. Was für jede Art von Meditation gilt, gilt auch hier: Liebende Güte »schmeckt gut und ist auch noch gut für Sie«.

Doch denken Sie vor allem daran, dass es hier das A & O ist, nett zu sich selbst zu sein. Denn immerhin beginnt liebende Güte, genau wie Nächstenliebe, zu Hause.

FRAGEN UND ANTWORTEN: LIEBENDE GÜTE

Kann ich die Menschen ändern, denen ich liebende Güte schicke?

Wenn Sie mit dieser Frage meinen, ob Sie unterschiedlichen Menschen liebende Güte schicken können, ist die Antwort ein klares Ja. Tauschen Sie die Personen allerdings nicht mehr aus, wenn Sie einmal mit einer Meditationssitzung begonnen haben.

Wenn Sie mich jedoch fragen, ob Sie dadurch, dass Sie jemandem liebende Güte schicken, bewirken können, dass sich dieser Mensch ändert, dann kann ich nur sagen, dass dies ganz bei der betreffenden Person liegt. Dennoch können außergewöhnliche Dinge geschehen, wenn Sie einem anderen Menschen liebende Güte schicken. Vielleicht sehen Sie ihn dann in einem völlig anderen Licht, ob er sich nun ändert oder nicht. Dann wäre die Antwort auf diese Frage ebenfalls ein Ja.

Ein persönliches Beispiel: Einmal erklärte ich meine Mutter zum schwierigen (also gut, sehr schwierigen) Menschen für meine Liebende-Güte-Meditation. Nachdem ich ihr mehrere Wochen lang liebende Güte geschickt hatte, ertappte ich mich eines Morgens, bevor ich mit meiner täglichen Liebende-Güte-Meditation begann, dabei, dass ich sie zu meiner Mentorin erklärte!

Von diesem Tag an sah ich sie in einem völlig neuen Licht. Ich begann sie anders zu behandeln und unsere gesamte Beziehung veränderte sich. Und wissen Sie, was noch geschah? Meine Mutter veränderte sich. Wie ich schon sagte, Liebende Güte ist eine kraftvolle Praxis.

Und was ist mit der Person, die ich nicht leiden kann oder auf die ich wütend bin? Warum sollte ich ihr oder ihm liebende Güte schicken?

Das ist die in diesem Zusammenhang vielleicht am häufigsten gestellte Frage. Warum um alles in der Welt sollten Sie jemandem Glück wünschen, dessen einzige Aufgabe auf diesem Planeten offenbar darin besteht, Ihnen das Leben zur Hölle zu machen? Die Antwort hat erstaunlicherweise mehr mit Ihnen zu tun als mit jenem unseligen Soundso.

Sehen Sie es so: Wie fühlen Sie sich, wenn Sie auf jemanden wütend sind und sich weigern, ihm zu vergeben, was immer Beleidigendes und Falsches er Ihnen angetan hat? Nicht gerade toll, stimmt's? Emotionen wie Groll, Wut und Feindseligkeit führen immer zu unangenehmen, stressigen und schmerzlichen Gedanken und Gefühlen.

Das heißt: Wann immer Sie, der »Grollende«, wütend auf Ihre »Grollauslöser« sind, bezahlen Sie dafür, indem Sie leiden. Und ob Sie es glauben oder nicht, der Preis, den Sie zahlen, ist viel höher als der, den Sie jenen in Rechnung stellen.

Warum? Weil Sie nicht nur einmal verletzt werden, sondern *zweimal*! Einmal von der Person, die Sie verletzt hat, und einmal von sich selbst. Ironie des Schicksals, nicht wahr? Selbst wenn Sie im Recht sind (was wir immer sind, oder etwa nicht?) schneiden Sie am Ende garantiert am schlechtesten ab!

Viel besser ist es meiner Meinung nach, das zu praktizieren, was ich »erleuchtete Selbstsucht« nenne. Das heißt, dass Sie der Linderung *Ihres eigenen Leidens* erste Präferenz geben. Hier funktioniert die Liebende-Güte-Meditation perfekt. Erst senden Sie sich selbst liebende Güte und dann Ihrer schwierigen Person. Tun Sie das *nicht um ihretwillen, sondern für sich selbst*.

Und seien Sie offen für Veränderung. Eines Tages werden Sie vielleicht feststellen, dass Sie jener schwierigen Person nicht nur deshalb liebende Güte schicken, weil Sie selbst etwas davon haben, sondern wirklich um ihretwillen. Deshalb sollten Sie Ihre schwierige Person immer als Geschenk betrachten. Solche Menschen helfen Ihnen, Ihrem Herzen näher zu kommen.

Kann ich meine eigenen Sätze für die Liebende-Güte-Meditation formulieren?

Die Sätze, die in der Liebende-Güte-Meditation verwendet werden, sollen aus Ihrem Herzen kommen und nicht aus Ihrem Kopf. Mehr als auf das, was Sie sagen, kommt es also auf die *Absicht* hinter dem Gesagten an. Auf eine Art sind die Sätze hier also nicht das Wichtigste.

Dennoch rate ich Ihnen davon ab, die hier aufgeführten Sätze zu verändern, zumindest in den ersten beiden Monaten, in denen Sie Liebende-Güte-Meditation praktizieren.

Diese Sätze haben sich bestens bewährt: Sie werden seit Tausenden von Jahren von Hunderttausenden von Menschen eingesetzt. Es gibt keinen Grund, nach anderen Formulierungen Ausschau zu halten, zumindest nicht jetzt sofort.

Wenn Sie zwei Monate lang Liebende-Güte-Meditation praktiziert haben und sich damit wohl fühlen, können Sie mit anderen Sätzen experimentieren. Hier ein paar Hinweise, falls Sie sich dafür entscheiden:

- Benutzen Sie nicht mehr als vier Formulierungen auf einmal. Sonst kann es passieren, dass Sie mehr damit beschäftigt sind, sich die Sätze zu merken, als sie denjenigen zu widmen, denen Sie sie schicken wollen. Für die meisten Menschen funktionieren drei bis vier Formulierungen am besten. Beschränken Sie sich darauf.
- Wenn Sie eine Reihe von neuen Sätzen formuliert haben, bleiben Sie so lange dabei, bis sie automatisch funktionieren. Benutzen Sie sie einen Monat lang. Den »perfekten« Liebende-Güte-Satz, den Sie durch ständiges Herumfeilen finden, gibt es nicht. Denken

Sie daran: Liebende Güte kommt aus dem Herzen, nicht aus dem Kopf.
- Benutzen Sie einfache, klare Sätze, die leicht zu merken und auszusprechen sind. Vermeiden Sie doppelte Verneinungen sowie vielsilbige und verwirrende Worte.
- Widerstehen Sie der Versuchung, die Liebende-Güte-Meditation zum Schutz vor bestimmten Behandlungen und medizinischen Eingriffen einzusetzen. Ein Satz wie »Möge ich frei von Zahnschmerzen sein« ist nicht im Sinne dieser Übung. Auch aus diesem Grund rate ich Ihnen, bei den Sätzen aus Ihrer Anleitung zu bleiben.
- Wünschen Sie sich keine Dinge. Sie wissen schon, nicht so etwas wie einen Range Rover oder den Job mit dem größeren Büro. Liebende-Güte-Meditation ist kein Wunschbrunnen, sondern etwas viel, viel Besseres. Wunschbrunnen können austrocknen, liebende Güte nicht.
- Leiten Sie Ihre Sätze mit »Möge ich...« ein. Manche Leute denken, es sei besser »Ich bin...« zu sagen statt »Möge ich...«. Aber Liebende-Güte-Meditation hat nichts mit jenem Land der positiven Affirmationen zu tun, in dem man sich die Dinge, die man haben möchte, so vorstellt, als hätte man sie schon. Hier geht es vielmehr darum, dass Sie sich selbst und anderen Ihre besten Wünsche und Gedanken schicken, damit Sie selbst und die anderen Sicherheit, Gesundheit und Frieden erleben *mögen*, wenn dies die Richtung ist, in die sich das Leben entwickelt. Und ich hoffe, dass es für Sie immer so sein wird.

Anregungen und Informationen
Meine persönliche Liste der Besten

Heute Morgen gab ich das Wort *Meditation* in das Suchfenster bei Amazon.com ein und bekam als Ergebnis eine Liste von 9 934 Büchern. Als ich dasselbe bei Google machte, kam ich auf 4 760 000 Treffer!

Ihre erste Reaktion darauf könnte sein (und ist wie ich hoffe): »Mensch, da bin ich ja froh, dass ich die *8-Minuten-Meditation* gefunden habe.« Und Recht haben Sie. Es ist toll, die Wahl zu haben, aber ab einem bestimmten Punkt beginnt das Gesetz des abnehmenden Ertrags wirksam zu werden. Die Tatsache, dass es bei Amazon fast 10 000 so genannte Meditationsbücher gibt, könnte gut der Hauptgrund dafür sein, dass Sie zunächst vor dem Meditieren zurückgeschreckt sind.

Wie sollen Sie bei so vielen Büchern, Tonträgern und Websites die finden, die Ihnen von Nutzen sein können? Nun, zunächst ist es natürlich gut, dass Sie auf dieses Buch gestoßen sind. Wenn Ihnen die letzten acht Wochen etwas gebracht haben, werden Sie mir wahrscheinlich auch vertrauen, wenn ich Ihnen nun weiteres Material empfehle, von dem Sie meiner Ansicht nach profitieren werden. Sie sollten auch wissen, dass alles, was ich Ihnen empfehle, zur Philosophie dieses Buches passt: kein religiöses Programm, kein unverständlicher Jargon, keine spirituelle Verarschung.

Es ist Ihnen vielleicht selbst nicht klar, aber dies ist ein wichtiger Moment in Ihrer Meditationspraxis. Sie sind bereit, Ihre Praxis zu vertiefen, und ich möchte Sie in dieser Hinsicht unterstützen.

Ich habe es mir zur Aufgabe gemacht, stets so gut wie möglich über sämtliche Entwicklungen im Bereich Meditation sowie über alle neuen Bücher zu diesem Thema informiert zu sein. In den letzten fünfzehn Jahren habe ich viele Meditationsbücher gelesen und ebenso viele Websites besucht. Und ich bin ziemlich pingelig, wenn es darum geht, anderen etwas zu empfehlen.

Außer Empfehlungen für Bücher und Tonträger enthält dieses Kapitel auch Informationen über zwei andere wichtige Mittel zur Vertiefung Ihrer Meditationspraxis: Meditationszentren und Meditationsgruppen.

Was nun folgt, ist meine persönliche Liste des besten Meditationsmaterials, die Liste, die ich einem Freund geben würde, für den ich Sie mittlerweile halte. Seien Sie nicht erstaunt über die Kürze dieser Liste. Sie mag dürftig sein, aber glauben Sie mir, sie ist erstklassig.

Übrigens, nichts von dem, was ich sage, soll Sie in irgendeiner Weise davon abhalten, all die anderen Bücher, Zeitschriften, Kassetten, Lehrer und Meditationszentren da draußen zu erforschen. Im Gegenteil, ich ermutige Sie dazu. Denken Sie daran: Die höchste Autorität in Bezug auf das, was für Sie funktioniert, sind *Sie selbst*. Und wenn Sie etwas entdecken, das Sie für so toll halten, dass Sie mich darüber informieren möchten, dann schreiben Sie mir über meine Website www.8minutes.org. Ich werde es mir anschauen und es weitergeben, wenn es für jedermann von Nutzen ist.

BÜCHER

Der Moment der Erfahrung ist unendlich von Toni Packer (Theseus). Obwohl vom Umfang her eher schmal, ist Toni Packers Buch reich an Weisheit für Meditierende in jedem Stadium der Praxis. Toni leitet das Springwater Center in Rochester, New York. In diesem Buch sind Vorträge von ihr zusammengetragen sowie Antworten auf die Fragen ihrer Schüler, die bereits im Newsletter des Springwater Centers veröffentlicht waren.

Was Toni lehrt, ist bodenständig und eindringlich. Sie spricht über den denkenden Geist, Achtsamkeit und viele der Themen, die ich in den Kapiteln zu Fragen und Antworten in diesem Buch ebenfalls angesprochen habe. Tonis kleines Buch kann Ihnen von großem Nutzen sein, wenn Sie Ihre Praxis vertiefen möchten.

Zen-Geist, Anfänger-Geist von Shunryu Suzuki (Theseus). Ein Klassiker, der selbst Anfängern auf dem Gebiet der Meditation leicht zugänglich ist.

Shunryu Suzuki war als Zen-Meister maßgeblich daran beteiligt, Zen nach Amerika zu bringen. Er wird von allen Mitgliedern der amerikanischen Meditationsgemeinde geachtet und verehrt. Diese zeitlose Sammlung seiner Vorträge beginnt mit dem berühmten Satz: »Des Anfängers Geist hat viele Möglichkeiten, der des Experten hat nur wenige.« Dieses wunderbare Buch beschäftigt sich mit vielen Ideen, die ich auch in *Die 8-Minuten-Meditation* angesprochen habe.

365 Nirvana Here and Now von Josh Baran (Element). Ein großartiger Beitrag von dem Mann, der die Begriffe »anderswo« und »wannanders« geprägt hat.

Joshs Buch ist eine bemerkenswerte Sammlung zeitloser Weisheit aus verschiedenen Kulturen, Kontinenten und Traditionen von frühen Zen-Meistern bis hin zu zeitgenössischen Dichtern – und alle preisen die Vollkommenheit des gegenwärtigen Moments. Diese Geschichten, Dialoge, Lieder und Gedichte können für Ihre tägliche Meditationspraxis sehr hilfreich sein. Sie sind wie Vitaminkapseln für den Geist. *365 Nirvana Here and Now* enthält auch Joshs eigene Gespräche über Präsenz. Ob Sie nun Moderator einer Talkshow sind oder nicht, dies ist ein wunderbares Buch, das unbedingt auf Ihrem Nachttisch liegen sollte.

Wide Awake von Diana Winston (Perigee). Obwohl Dianas Buch den Untertitel *A Buddhist Guide for Teens* (»Ein buddhistischer Wegweiser für Teenager«) trägt, eignet es sich bestens für jede Person jeden Alters und jeder religiösen (oder nicht religiösen) Überzeugung. Diana sagt: »Viele Menschen, ob sie nun Buddhisten sind oder nicht, finden die buddhistischen Einsichten so hilfreich, dass sie sie einfach auf ihr Leben anwenden.« *Wide Awake* ist eine freudvolle, klare und praktische Anleitung zur Eingliederung der Meditation in das »große Ganze«.

Faith: Trusting Your Own Deepest Experience von Sharon Salzberg (Penguin) (Deutsch unter dem Titel *Vertrauen heißt, den nächsten Schritt zu tun* bei Herder). Sharon gehört nicht nur zu den führenden Meditationslehrerinnen der USA, sie hat auch einige sehr wichtige Bücher geschrieben. *Faith* (»Glaube«) ist sowohl eines der ehrlichsten Bücher, die je geschrieben wurden, als auch eines der einfühlsamsten. Wenn Sie sich je gefragt haben, was Glaube eigentlich ist und wie es um Ihren eigenen Glauben bestellt ist, wird Sharons Buch Ihnen nicht nur Antworten geben, sondern auch Trost und Selbstvertrauen. Dieses Buch wird auch Dankbarkeit in Ihnen wecken, und zwar dafür, dass Sie eine Meditationspraxis haben.

The Best Guide to Meditation von Victor Davich (St. Martin's Press) (Deutsch unter dem Titel *Meditation* bei Mosaik, z. Zt. vergriffen). Lange bevor es Meditationsbücher für Dummies gab, gab es *The Best Guide to Meditation,* geschrieben von meiner Wenigkeit. Die über dreihundert Seiten dieses Buches sind voll von allem, was Sie schon immer über Meditation wissen wollten.

Wenn Sie an Dingen wie vierundsechzig zusätzlichen Meditationsmethoden und der Verbindung von Meditation und Buddhismus sowie anderen religiösen Traditionen interessiert sind, wird mein Buch genau die richtige Tasse grüner Tee für Sie sein. Es enthält auch ausführliche Kapitel über Meditation in Aktion, Sitzhaltungen sowie über den Einsatz von Meditation in der Schmerztherapie.

AUDIO- UND VIDEOKASSETTEN

Einer der großen Fortschritte, die in den letzten zehn Jahren bezüglich des Lehrens und Praktizierens von Meditation gemacht wurden, betrifft den Bereich der Tonträger. Natürlich gibt es keinen Ersatz für die persönliche Begegnung mit einem großen Meditationslehrer (die ich immer empfehle), aber Audio- und Videokassetten bieten uns das Zweitbeste – und mit sehr viel weniger Aufwand.

Es ist ein ganz besonderes Erlebnis, einen guten Lehrer wirklich selbst sprechen zu hören, denn dabei wird etwas übermittelt, was jenseits aller Worte liegt. Meiner Meinung nach ist es umso wahrscheinlicher, dass etwas Gutes auf Sie abfärbt, je öfter Sie einem guten Meditationslehrer zuhören.

Wenn Sie früher etwas von einem guten Meditationslehrer lernen wollten, mussten Sie sich dorthin begeben, wo er oder sie ein Retreat gab. Das konnte bedeuten, dass Sie eine weite Reise machen und beachtlich viel Zeit und Geld investieren mussten. Heute haben Sie mit einem einzigen Mausklick Zugang zu Hunderten von Vorträgen, geführten Meditationen und anderem Lehrmaterial von einigen der besten Meditationslehrer. Nutzen Sie diese Möglichkeit.

Wenn Freunde mich nach Meditationsmaterial auf Audio- und Videokassetten fragen, verweise ich immer auf folgende drei Websites. Sie sind sehr umfangreich und sehr gut organisiert. Wenn Sie Fragen haben, können Sie dort auch anrufen.

Sounds True, www.soundstrue.com, Tel. 001-800-333-9185
Sounds True hat mehr als fünfhundert Titel im Angebot, die das ganze Spektrum der spirituellen Traditionen abdecken, einschließlich Psychologie, Gesundheit, Heilung, Selbstfindung und natürlich Meditation. Zur Sounds-True-Kollektion gehören auch verschiedene Hörbücher zum Thema Meditation. Von vielen dieser Titel können Sie sich Proben im Internet anhören, bevor Sie sie bestellen. Empfehlenswerte Titel: *Meditations of the Heart* von Jack Kornfield; *When Things Fall Apart* von Pema Chödrön; *Natural Meditation* (Video) von Surya Das; *Road Sage* von Sylvia Boorstein; *Radical Self-Acceptance* von Tara Brach.

Dharma Seed Tape Library, www.dharmaseed.org, Tel. 001-800-969-7333
Die Dharma Seed Tape Library veröffentlicht viele Life-Aufnahmen von bekannten westlichen Meditationslehrern, zum Beispiel Sharon Salzberg und Joseph Goldstein, den Gründern der *Insight Meditation Society (IMS)*. Es handelt sich hauptsächlich um Aufnahmen von Vorträgen und nicht um im Studio produziertes Material. Dennoch ist die Aufnahmequalität im Großen und Ganzen sehr gut. Alle Tonträger sind zu einem vernünftigen Preis erhältlich, manche werden sogar gegen eine Spende abgegeben.

Dharma Seed (und Sounds True) führen alle Tonträger, die auf meiner persönlichen Liste ganz oben stehen: *Insight Meditation: A Complete Correspondence Course* von Sharon Salzberg und Joseph Goldstein. Wenn Sie vorhaben, Ihre Meditationspraxis eine Stufe weiter zu bringen, kann ich Ihnen nichts Besseres empfehlen. Weitere Titel sind: *Approaches to Meditation* von Christina Feldman; *Wise Effort and the Practices of Awakening* von Tara Brach; *Metta: Loving Yourself* von Sharon Salzberg; *Four Foundations of Mindfulness* (Video) von Carol Wilson; *Vipassana Video Retreat*.

Über die Dharma Seed Website erreichen Sie auch **Dharmastream, www.dharmastream.org**. Hier können Sie mehr als dreißig aufgezeichnete Vorträge über Meditation von Mitarbeitern des Spirit Rock Retreat Center und des IMS-Meditationszentrums (siehe unten) kostenlos abfragen. Auf diese Weise bekommen Sie einen Eindruck von dem, was Sie bestellen können, und lernen neue Lehrer kennen, bei denen Sie eines Tages vielleicht ein Retreat machen möchten.

Shinzen Young Website, www.shinzen.org
Shinzen Young ist ein Amerikaner, der lange in asiatischen Klöstern ausgebildet wurde. In den letzten dreißig Jahren hat er in ganz USA und Kanada gelehrt und Retreats geleitet.

Ich habe bereits erwähnt, dass Shinzen Young mein erster Meditationslehrer war. Ich freue mich, dass ich Ihnen hier einen Weg zeigen kann, wie Sie ebenfalls von seinen überzeugenden, leicht zugänglichen und modernen Lehrmethoden profitieren können.

Shinzens Vorträge und geführte Meditationen sind aktuell, bodenständig und transformierend. Auf seiner Website sind, sorgfältig gegliedert, mehr als hundert seiner aufgezeichneten Vorträge und geführten Meditationen aufgelistet, unter anderem Tonträger zum Thema Vipassana Meditation (ähnlich dem, was Sie in den letzten acht Wochen praktiziert haben), christliche und jüdische Meditation sowie über die Verbindung von Naturwissenschaft und Meditation.

Empfehlenswerte Titel: *The Formula; Beginners Guide to Meditation; Millennium Album III – Guided Meditations; Break Through Difficult Emotions; Carrying Meditation into Life; Meditation in the Zone; Shinzen's 20-minute Relaxation.*

MEDITATIONSZENTREN

Als ständige Einrichtungen sind Meditationszentren in Amerika eher eine Seltenheit. Aber zum Glück gibt es zwei wunderbare, fest etablierte Meditationszentren, eines an der Ostküste und eines an der Westküste: die IMS in Barre, Massachusetts, und Spirit Rock in Marin County, Kalifornien. In diesen gemeinnützigen Zentren wird nach der Tradition der Vipassana- oder Einsichtsmeditation gelehrt, aus der auch die Meditationstechniken stammen, die Sie in diesem Buch kennen gelernt haben. IMS und Spirit Rock werden ausschließlich von einer Gemeinschaft aus Meditierenden und Lehrern geleitet und unterhalten. Die Preise für die Teilnahme an einem Retreat schwanken, aber es wird alles getan, um sie in einem erschwinglichen Rahmen zu halten. Es werden auch Stipendien vergeben. Das Honorar für die Lehrer, die ein Retreat leiten, wird normalerweise nicht zusammen mit den Kosten für Unterkunft und Verpflegung bezahlt, sondern extra, und zwar auf Spendenbasis. Das entspricht einer buddhistischen Tradition, die *dāna* genannt wird.

Wenn Sie ernsthaft zu meditieren gedenken, ist ein Retreat in einem Meditationszentrum eines der größten Geschenke, das Sie sich selbst machen können.

Die Insight Meditation Society (IMS) in Barre, Massachusetts, www.dharma.org, Tel. 001-978-355-4378, wurde 1975 als gemeinnützige Organisation gegründet, um eine für das Praktizieren von Einsichts- und Liebende-Güte-Meditation förderliche Umgebung zur Verfügung zu stellen. Das Zentrum befindet sich auf einem abgelegenen, 65 Hektar großen Grundstück in Barre, Massachusetts, jener Stadt, deren Motto »Ruhig und wachsam« lautet.

Die IMS bietet das ganze Jahr über Meditationsretreats an, die zwischen einem Wochenende und drei Monaten dauern. Neuerdings gibt es auch spezielle Retreats nur für Frauen, für junge Erwachsene und für Farbige.

Mehrere erfahrene Lehrer bieten regelmäßige und ständige Begleitung an und leiten Jahr für Jahr eine Reihe von Kursen. Dazu gehören Sharon Salzberg, Joseph Goldstein, Lama Surya Das und Christine Feldman.

Spirit Rock Meditation Center, Fairfax, Kalifornien, www.spiritrock.org, Tel. 001-415-488-0164. Wie die IMS hat sich auch das Spirit-Rock-Meditationszentrum der Praxis der bewussten Achtsamkeit durch Vipassana-Meditation verschrieben.

Das abgelegene und atemberaubend schöne Spirit-Rock-Gelände in Marin County, Kalifornien, ist mehr als 160 Hektar groß. Das Zentrum bietet Platz für die Teilnehmer mehrerer laufender Klassen und Tagesretreats sowie für Menschen, die an einem längeren Retreat teilnehmen und auf dem Gelände wohnen. Zu den neueren Angeboten gehören *Vipassana 101* und *One Breath at a Time: Buddhism and the Twelfe Steps.*

Die Meditationsräume und die Unterkünfte in Spirit Rock sind makellos sauber, klassisch und hochmodern. Ich selbst habe hier an Retreats teilgenommen und was ich erlebt habe, war einfach wunderbar.

Verschiedene bekannte Meditationslehrer und Autoren leiten Retreats in Spirit Rock: Jack Kornfield, der Gründer von Spirit Rock, Sylvia Boorstein und Anna Douglas, um nur einige zu nennen.

Vipassana Support International (VSI), www.shinzen.org, Tel. 001-866-666-0874, ist eine gemeinnützige, nichtkonfessionelle Organisation für Menschen, die ihre Meditationspraxis durch das Praktizieren von Vipassana-Meditation weiter vertiefen möchten. VSI koordiniert die Retreats, die Shinzen Young in den USA und Kanada hält. Die VSI-Website informiert unter anderem über kommende Retreats und andere Veranstaltungen. VSI hat kein festes Meditationszentrum. Shinzen Young reist durch das ganze Land und hält seine Retreats in verschiedenen Einrichtungen ab.

Es gibt natürlich noch andere Meditationszentren und Räume, in denen Retreats abgehalten werden. Am besten fragen Sie in Ihrem Kreis der an Meditation Interessierten herum. Auch Anzeigen in Fachzeitschriften wie *Yoga Aktuell* und anderen können hilfreich sein. Im Internet finden Sie sogar eine Website, die sich einzig und allein mit Meditationszentren beschäftigt: www.retreatfinder.com.

Zusätzlich zu den amerikanischen Meditationszentren, die ich hier beschrieben habe, gibt es zwei europäische Zentren, die ich zwar nicht selbst besucht habe, aber vom Hörensagen kenne: Plum Village in Frankreich und das Buddha-Haus in Deutschland. Beide Zentren wurden von ehrwürdigen Meditationslehrern in der buddhistischen Tradition gegründet.

Buddha-Haus, Uttenbühl 5, 87466 Oy-Mittelberg, www.buddha-haus.de, Tel. 0049-(0)8376-502. Der gemeinnützige Verein Buddha-Haus, Meditations- und Studienzentrum e. V., wurde im Jahre 1989 auf Initiative der Ehrwürdigen Ayya Khema von ihren Schülerinnen und Schülern gegründet. Das Gesamtprojekt Buddha-Haus wird zum größten Teil aus Mitgliedsbeiträgen und Spenden finanziert. Im Buddha-Haus finden das ganze Jahr über verschiedene Kurse und Retreats statt. Auf der Website finden Sie ausführliche und aktuelle Informationen.

Plum Village, 47120 Loubés-Bernac, Frankreich, www.plumvillage.org, Tel. 0033-53-947540. Plum Village ist eine Lebensgemeinschaft von etwa 150 Mönchen, Nonnen und praktizierenden Laien. Die Lehre des in der Rinzai-Zen-Tradition ausgebildeten Gründers von Plum Village, Thich Nhat Hanh, betont die Elemente Achtsamkeit, Verbundenheit mit allen Wesen und Gewaltlosigkeit. In Plum Village finden das ganze Jahr über Retreats statt. Auf der Website finden Sie ausführliche und aktuelle Informationen.

MEDITATIONSGRUPPEN

Die Zahl der Meditierenden in Amerika, Europa und auf der ganzen Welt steigt ständig. Bei einer kürzlich durchgeführten Umfrage gaben über zehn Millionen Amerikaner an, dass sie meditieren. Ein Indikator für dieses Phänomen ist die ständig wachsende Zahl von Meditationsgruppen, die sich überall bilden, in großen Städten ebenso wie in kleinen, in Schulen wie in Universitäten. In diesen Gruppen kommen Meditierende meist einmal wöchentlich zusammen, um gemeinsam zu meditieren und sich gegenseitig zu unterstützen und zu helfen.

Meditationsgruppen bieten etwas sehr Wertvolles: einen festen Meditationstermin, den Sie gern einhalten. Ich selbst habe mehr als zehn Jahre lang regelmäßig einmal pro Woche an einer Meditationsgruppe teilgenommen, die sich im Haus meiner Freundin Ann traf, und das hat meiner eigenen täglichen Meditationspraxis enormen Auftrieb gegeben.

Meditationsgruppen geben Ihnen auch Gelegenheit, sich mit gleichgesinnten Menschen aus Ihrem Wohnort – die meist auch noch die köstlichsten Backwaren mitbringen – zu treffen und gemeinsam mit ihnen zu meditieren. Falls Sie nun bereit sind, sich einer Meditationsgruppe anzuschließen, hier ein paar Vorschläge:

- Studieren Sie die Aushänge am Schwarzen Brett der Geschäfte und Lokale Ihres Wohngebiets. Fragen Sie, wenn Sie das nächste Mal in der Yoga-Schule, im Bioladen, im Café oder im Esoterikbuchladen sind, bei den Angestellten, Teilnehmern oder Kunden herum, ob jemand weiß, wo sich eine Meditationsgruppe

trifft. Manchen Sie das Gleiche an Ihrer Schule oder Universität, im Fitnesscenter und – ob Sie es glauben oder nicht – im örtlichen Jugendzentrum.
- Besorgen Sie sich eine Ausgabe von *Inquiring Mind*. Das ist die Zeitschrift der amerikanischen Meditationsgemeinschaft, die ihre Leser regelmäßig über kommende Retreats und Meditationsgruppen im ganzen Land informiert. Inquiring Mind erscheint vierteljährlich. Weitere Informationen finden Sie im Internet unter www.inquiringmind.com. Deutschsprachige Leser können sich unter anderem auf der Website der Deutschen Buddhistischen Union (www.dharma.de) über Meditationsgruppen in ihrem Wohnort oder in erreichbarer Nähe informieren.

Wenn Sie aus irgendwelchen Gründen keine Meditationsgruppe in Ihrer Gegend finden können, gründen Sie eben eine eigene. Das ist wirklich keine große Sache. Alles, was Sie dafür brauchen, ist mindestens eine Person, die mit Ihnen meditiert, einen Timer und eine Packung Schokoladenkekse (die dafür sorgt, dass in kürzester Zeit weitere Meditierende auftauchen!).

Eine Meditationsgruppe ist eine lockere, formlose Angelegenheit. Sie können also Ihre eigenen Regeln aufstellen. Vielleicht beschließen Sie, pro Treffen eine bestimmte Zeit zu meditieren, aber wenn jemand mal früher aufhören muss, ist das auch in Ordnung. An einem bestimmten Punkt können Sie sich auch einen Vortrag oder eine geführte Meditation von Kassette anhören, wobei eine Person die Rolle des Moderators übernimmt. In der Meditationsgruppe, zu der ich gehöre, setzen wir uns nach der Meditation im Kreis zusammen und sprechen darüber, wie uns die Meditation im Laufe der letzten Woche hilfreich unterstützt hat.

Unabhängig davon, ob Sie sich einer bereits existierenden Gruppe anschließen oder eine eigene gründen, leisten Sie damit einen positiven Beitrag zur Pflege, zum Fortbestand und zur Vertiefung Ihrer Meditationspraxis. Und außerdem helfen Sie anderen, gleichgesinnten Menschen. Es ist etwas, wovon alle auf der ganzen Linie profitieren.

DIE OFFIZIELLE 8-MINUTEN-MEDITATIONS-WEBSITE

Und hier eine Website, die ich persönlich nur empfehlen kann, meine eigene: www.8minutes.org. Ich habe sie eingerichtet, um Sie in der Fortführung dessen zu unterstützen, was, wie ich hoffe, Ihre tägliche lebenslange Meditationspraxis geworden ist.

Hier können Sie sich über die neuesten und großartigsten Entwicklungen in der Welt der 8-Minuten-Meditation informieren und hier können Sie die CD zu diesem Buch bestellen, die es Ihnen ermöglicht, einfach die Augen zu schließen und sich die Meditationsanweisungen für jede Woche vorlesen zu lassen.

Außerdem finden Sie auf www.8minutes.org:

- **Weitere Fragen und Antworten.** Dass Sie mit Ihrem 8-Minuten-Meditationsprogramm durch sind, heißt noch lange nicht, dass Sie keine Fragen mehr haben. Sie können sogar damit rechnen, dass weitere Fragen auftauchen, während Sie Ihre Praxis vertiefen.

Schicken Sie mir diese Fragen und ich werde Sie Ihnen und allen anderen Besuchern der Website beantworten.
- **Links** zu Meditationszentren **und Informationen** über neue Entwicklungen und Ideen. Wie ich schon sagte, meditieren nach neuesten Erhebungen allein zehn Millionen Amerikaner. Jede Woche erscheinen neue Artikel über die Vorzüge der Meditation. Diese Website hält Sie auf dem Laufenden über die neuesten Entwicklungen im Bereich Meditation und informiert Sie über wissenschaftliche Studien, Meditationszentren sowie über wichtige Bücher, Tonträger und Videos – die alle das Gütesiegel *8-Minuten-Meditation* tragen.

Schlusswort

Nun, ich glaube, das ist alles, was ich zu sagen habe – im Moment jedenfalls. Außer dem, was ich Ihnen schon acht Mal gesagt habe, ein klein wenig abgewandelt. Und das ist ...

Sie machen das prima! Blättern Sie um und machen Sie sich auf den Weg in Ihr Leben – mit der Meditation als Begleiter.

Möge Ihnen dieses Buch von Nutzen sein und allen, denen Sie begegnen.
    Mögen Sie glücklich sein.
    Victor

Dank

Wie machen diese Oscar-Gewinner das bloß? Sechzig Sekunden, um jedem zu danken. Ich weiß nicht, wo ich anfangen soll. Aber das hat mich bis jetzt noch nicht davon abgehalten, es trotzdem zu versuchen.

Allen voran bin ich meinem Mentor und guten Freund Josh Baran zutiefst dankbar. Josh war maßgeblich an der Entstehung dieses Buches beteiligt, an seiner Schöpfung, am Schreibprozess und an seiner Veröffentlichung. Er hat mir vorgeschlagen es zu schreiben, hat mir geholfen, einen Agenten zu finden, und hat dafür gesorgt, dass ich vom Magazin *Time* interviewt wurde. Joshs Wohlwollen ging sogar so weit, dass er mir die berühmte »Baran Autorencouch« in seiner Wohnung zur Verfügung stellte, wenn ich mich in New York aufhielt.

Ein ganz großes Dankeschön geht an das unglaubliche Team in meiner Agentur Lowenstein-Yost. An Eileen Cope, jene Agentin mit Seltenheitswert, die dir sagt, dass sie dein Buch verkaufen wird – und es dann tatsächlich verkauft. Eileen, XO für dich! Und an Norman Kurz, den Experten in geschäftlichen Dingen, der mich Rechtsanwalt spielen ließ – und mir dann die Augen öffnete, genau wie Marty Weisberg, mein geschätzter Freund und Berater.

Bei Perigee Books geht der diesjährige Friedensnobelpreis an meine erstaunliche Lektorin Christel Winkler:

Führerin, Wächterin, Vertraute und alles in allem ein ganz kluges Köpfchen. Ihr Gelassenheitslevel entspricht fast dem des Dalai Lama – und das brauchte sie manchmal auch im Umgang mit meiner Wenigkeit.

Danke auch an John Duff, den Verlagsleiter, der so vorausschauend war, das Manuskript einzukaufen und ihm seine volle Unterstützung zu geben. Mein tief empfundener Respekt gilt auch den Graphikern, den Vertretern, den Leuten von der Presseabteilung und allen anderen Mitarbeitern bei Perigee für die Großzügigkeit, mit der sie mich eingeladen haben, meinen Senf überall dazuzugeben, vom Buchumschlag bis zum Schriftbild. Es ist mir zu Ohren gekommen, dass sie sich alle gut von mir erholen.

Sehr dankbar bin ich meinem langjährigen Meditationslehrer, Berater und Freund Shinzen Young nicht nur dafür, dass er die Lehren an mich weitergegeben hat, sondern auch dafür, dass er mir bei der Veröffentlichung meines ersten Buches geholfen hat. Ich kenne Shinzen seit zwanzig Jahren. Seine unermüdliche Energie und sein Mitgefühl sind beeindruckend.

Von ganzem Herzen danke ich meinen Lehrerinnen und Freundinnen Sharon Salzberg und Catherine Ingram, die mir einen Schutzraum aus Wahrheit, Schönheit, Fürsorge und Humor zur Verfügung gestellt haben. Ein besonderes Dankeschön geht an Sharon für ihren Beitrag zum Kapitel über die Meditation der Liebenden Güte.

Apropos Liebende Güte. Mein Dank geht auch an meine liebe Freundin Ann Buck, deren Loyalität, Großzügigkeit, Ermutigung und Unterstützung mich immer getragen haben, selbst in jenen schwierigen Zeiten. Nun ist Ann selbst Lehrerin und verkörpert den wahren Geist des Mitgefühls.

Viele andere Lehrer haben meine Entwicklung als Meditierender und Autor beeinflusst. Entweder hatte ich direkten Kontakt zu ihnen oder ich machte Bekanntschaft mit ihren Büchern und ihren Lehren. Ich danke Shunryu Suzuki Roshi, Taizan Maezumi Roshi, dem Dalai Lama, Bernie Glassman, Wolfgang Kopp, Thomas Merton, Ajhan Chah, Alan Watts, Steve Hagen, Jack Kornfield, Toni Packer, Pema Chödrön, Joan Tollifson, Christina Feldman, Joseph Goldstein und Sylvia Boorstein.

Von Herzen dankbar bin ich meinem engen Freund, Pastor John Newton, für seinen unerschütterlichen Glauben an meine Fähigkeit, dieses Buch zu schreiben, was immer *ich* auch dazu sagte. John las mehrere Versionen des Manuskripts und sein Rat, »schon aufzuhören« war Gold wert. Und wo wir schon beim Manuskriptlesen sind: Niemand kann das besser als Reed Moran, mein langjähriger Kumpel, Vertrauter, Cheerleader – und bester Schreiber in Hollywood.

Ich danke auch meinen inoffiziellen Marketingberaterinnen: Helen Boehm, Susan Anderson, Cathy Moran sowie meiner Nichte Arlyn Davish und Mike Attie. Danke auch an Steve Royes, der das Programm getestet und mir Feedback gegeben hat.

Ich danke Joe Besch, alter Hase bei Barnes and Noble, weil er mich immer ermahnt hat zu glauben; sowie Stan und seinen Mitarbeitern vom Bodhi Tree Buchladen, weil sie mir keine Miete berechnet haben. Und Adho Mukha Svanasana (Hund mit dem Gesicht nach unten; Yogahaltung) für alle bei Sacred Movement Yoga in Venice, besonders für meine Lehrer Brad, Julie, Jason, Ira und Lynda.

Schließlich und endlich: ewige Liebe und Dankbarkeit für Dr. D., True-Blue Brother Mitchell, der mir immer an meinem Geburtstag etwas vorsingt.

Ich glaube, die Regie gibt mir ein Zeichen. Tja, die Zeit ist um. Sei's drum. Wie sagt man doch so schön: »Die Arbeit ruft.« Und da hat sich ganz schön was angesammelt.

Über den Autor

Victor Davich meditiert seit mehr als zwanzig Jahren. Er war Schüler bei führenden amerikanischen Meditationslehrern wie Shinzen Young und Sharon Salzberg. Sein erstes Buch *The Best Guide to Meditation* war sehr erfolgreich und wurde in vier Sprachen übersetzt (u. a. ins Deutsche unter dem Titel *Meditation*).

In der Geschäftswelt war Victor nicht nur als Anwalt, sondern auch als Werbetexter für große Werbeagenturen und Filmstudios wie McCann-Erickson, Young & Rubicam und Paramount Pictures tätig. Er hat viele Marketingkampagnen für Filme lanciert, war Koproduzent des Spielfilms *The Brain* und hat außerdem die Fernsehserie *Nasty Boys* ins Leben gerufen und fünf Drehbücher geschrieben.

Victor lebt in Südkalifornien am Strand und ist sehr dankbar dafür, dass er dort jeden Tag einen Spaziergang machen und meditieren kann.